KB142890

MBTI 관찰일지

다정한 언어로 해석하는 16가지 성격 유형

박한평 지음

MBTI
관찰일지

다정한 언어로 해석하는
16가지 성격 유형

박한평 지음

HUDDLING BOOKS

프롤로그   7

첫 번째 MBTI 관찰 IN

INTP   29가지   13
    자세히 살펴보면 발견할 수 있는   특징

INTJ   31가지   27
    자세히 살펴보면 발견할 수 있는   특징

INFP   28가지   41
    자세히 살펴보면 발견할 수 있는   특징

INFJ   25가지   53
    자세히 살펴보면 발견할 수 있는   특징

두 번째 MBTI 관찰 IS

ISTP   28가지   67
    자세히 살펴보면 발견할 수 있는   특징

ISTJ   28가지   79
    자세히 살펴보면 발견할 수 있는   특징

ISFP   24가지   91
    자세히 살펴보면 발견할 수 있는   특징

ISFJ   31가지   103
    자세히 살펴보면 발견할 수 있는   특징

세 번째 MBTI 관찰 **EN**

ENTP   23가지   119
자세히 살펴보면 발견할 수 있는   특징

ENTJ   26가지   131
자세히 살펴보면 발견할 수 있는   특징

ENFP   30가지   143
자세히 살펴보면 발견할 수 있는   특징

ENFJ   23가지   157
자세히 살펴보면 발견할 수 있는   특징

네 번째 MBTI 관찰 **ES**

ESTP   25가지   169
자세히 살펴보면 발견할 수 있는   특징

ESTJ   23가지   181
자세히 살펴보면 발견할 수 있는   특징

ESFP   23가지   191
자세히 살펴보면 발견할 수 있는   특징

ESFJ   25가지   201
자세히 살펴보면 발견할 수 있는   특징

에필로그   213

프롤로그

"MBTI가 뭐예요?"

아마도 최근 몇 년 사이 사람들의 대화에서 가장 많이 등장한 질문일 거예요. 대화의 흐름을 따라가다 보면, 의도하지 않았음에도 자연스레 MBTI에 대한 이야기가 시작됩니다. F인지 T인지, P는 어떻고 J는 어떤지 한참 동안 이야기를 나누는 모습을 심심치 않게 발견하게 되기도 하고요. 아무리 재미있는 대화 주제도 여러 사람과 반복적으로 이야기를 나누면 지루해지기 마련인데, MBTI 이야기는 질리는 일도 없습니다. 나를 해석하고 이해하는 것, 상대방을 파악하고 받아들이는 일이 이토록 재미를 줄 수 있다니 참 신기하죠.

사람들의 MBTI 유형을 관찰하고 그 특징들을 정리하는 이 작업을 통해 어떤 유형이 더 좋다거나, 나쁘다는 것을 말하려는 것이 아닙니다. 애초에 16개 유형으로 모든 사람의 개성과 다양성을 담아낼 수 없기도 하고요. 성격과 기질의 좋고 나쁨이 아니라 '그것이 당신이구나. 이것은 나구나. 우리는 이렇구나!'를 느낄 수 있기를 바라는 마음으로 책을 썼습니다.

책을 처음으로 펼친다면, 당신의 MBTI 유형이 적힌 챕터를 찾아 정성스레 정리된 특징을 읽어 보세요. 당신이 어떤 사람인지 알아가는 일에 분명 도움이 될 것입니다. 두 번째로 펼칠 때, 당신 주변의 사람들을 생각하며 그 사람의 MBTI 특징을 읽어 보세요. 사랑하는 가족부터 친한 친구, 직장 동료부터 상사까지. 그 사람들이 어떤 방식으로 사고하고 행동하는지 예상할 수 있다면, 깊은 이해로 나아가는 일이 더욱 쉬워질 거예요. 저 또한 <MBTI 관찰일지>의 내용을 통해 사람들을 이해하는 일에 정말 큰 도움을 받았답니다.

우리는 다양한 유형의 사람들이 한곳에 모여있는 곳에서

살아가고 있습니다. 결국 공존해야 하는 사회라는 것을 잊지 않고 기억해야겠지요. 사람들과 함께 살아가야만 한다면, 당신 주변의 사람들이 어떠한 특징을 지니고 있는지 알아두는 게 좋습니다. 상대방을 잘 파악해야 그 사람과의 관계를 세밀하게 다룰 수 있거든요.

다정한 언어로 해석하는 16가지 성격 유형 <MBTI 관찰일지>를 곁에 두고 자주 펼쳐보세요. 당신이 어떤 사람인지 헷갈릴 때 친구가 되어주고, 사람들과의 관계를 다루는 일에 도움을 줄 거예요.

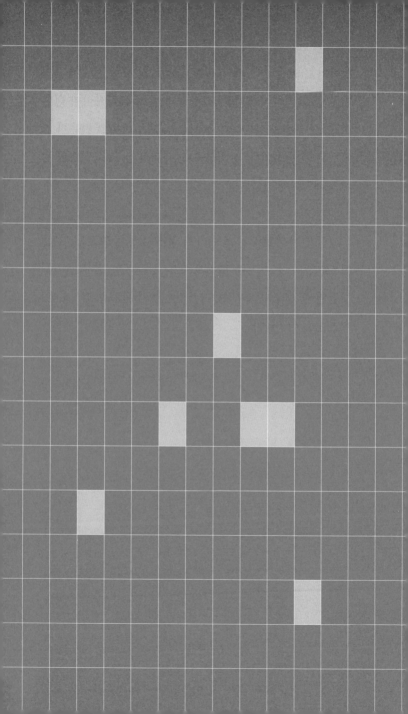

첫 번째

M B T I

관

찰

IN

INTP

자세히 살펴보면 발견할 수 있는 29가지 특징

01

INTP는 분석하는 것에 특화되어 있습니다. 어떠한 상황이나 현상을 볼 때, 관심이 생기면 대충 넘기질 않아요. '왜?'라는 질문을 항상 던집니다. 자기 자신과 자신을 둘러싼 사회 구조에도 관심이 많아요. 그렇다 보니 이런 MBTI 유형 관련 글을 보는 것도 좋아합니다.

02

INTP는 주변 사람들에게 '똑똑하다'라는 이야기를 자주 듣습니다. 동시에 '똑똑한데 노력을 잘 안 해!'라는 평가도 따라오곤 해요. 머리로는 알고 있지만 비교적 실행력이 부족하거든요. 또한, 반복되는 패턴도 괴로워하는 편입니다.

지루함을 쉽게 느끼기 때문이죠. 하지만 자신이 흥미를 느끼거나 재미있다는 생각을 가진 분야의 지식에 대해선 무섭게 빨아들여요.

03

관심이 있는 분야가 아니면 조용하고 말이 없어요. 하지만 자신의 시선을 끈 이슈나 영역에 대해서는 조금 수다스러울 정도로 말이 많아집니다. 논리적으로 설명을 잘하기도 하고요.

04

칭찬을 받기 위해 행동하거나 그것을 목적으로 무언가를 하는 편은 아닙니다만, 지적인 영역에서 존경과 칭찬을 받는 건 굉장히 좋아합니다. 이론적 관심이 많고 객관적 사실과 데이터에 기반한 접근을 잘하는 만큼, 그것을 이해한 누군가에게 인정받는 것도 좋아해요.

05

INTP는 내향성이 강한 유형 중 하나입니다. 혼자만의 시간을 매우 중요하게 생각해요. 게다가 개인주의적인 성향도 강해서 정말 친한 관계의 몇몇 사람 말고는 다른 사람에 대해 기본적으로 무관심합니다. 아니, 어쩌면 그냥 사람에 관심이 없는 것일 수도 있어요.

06

지식에 대한 관심이 많아요. 어떠한 것의 개념과 원리를 파악하는 등의 지식 습득을 잘합니다. 외국어를 배우거나 공식을 활용하는 형태의 응용 학문에 두각을 드러내기도 해요. 최소한의 노력으로 최대한의 효과를 낼 줄 아는 것도 INTP의 특징이죠. 만약 어떠한 지식이 납득되지 않는다면, 그것을 온전히 이해할 수 있을 때까지 붙잡고 결국 자신의 것으로 만들고 맙니다. 그렇게 체득한 지식에 대한 자부심도 큰 편입니다. INTP가 어떤 것을 자랑스럽게 설명한다면, 설명하는 과정을 통해 즐거움을 느끼고 있을 것입니다.

07

INTP는 용건이 없다면 먼저 연락하는 스타일이 아니에요. 아무리 친한 사이여도 말이죠. 메시지를 잘 보내지 않고, 받은 메시지를 제대로 읽지 않을 때도 있죠. 혹여 읽더라도 답장을 잘 안하기도 합니다. 그러니 INTP에게 답장이 없다고 해도 상처받지 마세요.

08

INTP는 예언자 기질을 가지고 있습니다. 사람들에게 자신이 예상한 미래를 설명하는 일에 부지런해요. '이렇게 될 것이다', '저렇게 될 것이다'와 같은 경고성 메시지도 자주 꺼냅니다. 그런데 또 신기하게 그런 일들이 실제로 일어나는 경우가 많아요. 상황이 모두 벌어지고 난 뒤 INTP는 '거봐! 내가 그렇게 될 거라고 했었지?'라는 생각을 하기도 합니다.

09

INTP의 감정을 알아차리는 일은 제법 어려운 일입니다. 애초에 본인이 표현을 하지 않거든요. 웬만큼 친해지지 않으면 어떤 성향인지 알아차리거나 이해하기 가장 어려운 스타일이 INTP입니다. 그런 그들이 때로는 신비하게 느껴질 정도입니다.

10

지적인 영역에서의 도전을 받으면 그것을 정면으로 받아들입니다. 또한, 최대한 열심히 공부해서 어느 정도의 수준까지 지식을 높이고 싶어 합니다. 지적인 자극을 서로 주고받는 대화와 활동을 선호하기도 해요.

11

유행이나 트렌드에 관심이 없는 것은 아니지만, 그것을 생각 없이 따라가진 않아요. 오히려 반대로 행동하기도 합니다. 예를 들어 사람들이 상업 영화에 열광하고 있다면, INTP는 사람들의 관심 밖에 있지만 작품의 의미가 남다른 비주류 독립영화를 찾아보기도 해요.

12

독립적인 사고와 그것을 펼칠 수 있는 자율성을 매우 중요하게 여깁니다. INTP는 자신이 관심을 끄는 분야에 대해 거의 끝까지 파고드는 편이라 전문적인 단계까지 나아갈 때가 많아요. 흥미로운 건, 다른 사람들이 INTP를 보며 전문적이라는 인상을 받는 때에도 INTP는 그저 '관심 있어서 가볍게 살펴봤다' 수준으로 생각하기도 한다는 점입니다. 그만큼 관심이 생긴 분야에 대해서는 몰입을 잘하는 편이에요. 그것도 아주 깊게요.

13

토론의 귀재라고 생각해도 좋습니다. 상황을 날카롭고 빠르게 분석할 줄 알고, 비판도 논리적으로 잘하거든요. 무언가를 회의적인 시각으로 바라보는 일에 익숙하기도 하고요.

14

INTP는 즉흥적이고 변덕이 심한 편입니다. 생각이 자주 바뀌어요. 생각이 자주 바뀌는 걸 자신도 알기 때문에 어떠한 일을 결정할 때 머뭇거리기도 합니다.

15

사람, 상황, 환경을 관찰하는 일에도 익숙합니다. 이것도 단순히 바라보는 방식의 일차원적인 관찰이 아니라, 분석에 가까운 형태일 때가 많아요. 사람 사이의 분위기나 뉘앙스, 감정에 대해서도 분석적으로 대할 때가 있어서 있는 그대로 느끼기보다는 감정의 근원에 대한 질문을 하기도 합니다.

16

풍부한 상상력을 지니고 있습니다. 현실을 크게 벗어난 수준의 공상도 잘하며 이것저것 상상하는 걸 좋아해요. INTP와 대화를 하다 보면 때론 비현실적인 이야기를 듣고 있다고 느낄 수도 있습니다. 그 정도로 아이디어가 많고, 실제로 좋은 의견도 많이 냅니다. 막다른 길에 막히면 INTP를 찾아가 보세요. 생각지 못한 영역에서 번뜩이는 아이디어를 제공할지도 모릅니다.

17

경험적으로 개선점을 도출하는 것보다는 비판적인 시각에서 문제점을 파악하는데 익숙합니다. 더불어 그것을 해결하기 위한 창의적이고 독특한 아이디어를 만드는 데 큰 관심을 가지고 있습니다.

18

리액션을 해주긴 합니다. 하지만 INTP의 리액션에는 영혼이 없는 것 같다는 인상을 받을 수 있어요. 다른 유형들에 비해 감정에 대한 공감 능력이 높은 편이 아니거든요. 그래서 때로는 입에 발린 말을 해야 하는 조직 생활에 어려움을 겪기도 합니다. 혹시 당신이 INTP와 연애를 하고 있다면, 낭만적인 상황이 생각처럼 흘러가지 않을 가능성도 있습니다. 눈치가 워낙 빨라서 웬만한 것에 대해선 이미 다 알고 있고, 리액션이 큰 스타일이 아니기도 하니까요. INTP의 기쁨과 감사는 리액션과 비례하지 않다는 것을 기억하세요.

19

뻔한 전개, 반전 없는 이야기에는 별로 흥미를 느끼지 못합니다. 결론까지 가는 데 너무 오래 걸리거나 싱거운 결말에는 독설을 퍼붓기도 해요.

20

대화의 결이 맞지 않는다고 생각하면 절대 친구로 여기지 않습니다. 자신이 친구라고 설정한 대상들에 대해서는 정말 솔직한 편이에요. 만약 INTP가 당신을 친구로 여긴다면, 당신에게 가식 없는 순수한 모습을 보였을 것입니다. INTP의

우정은 솔직함 그리고 실질적인 도움과 답을 주려는 모습을 지니고 있어요.

21

INTP는 생각이 정말 많아요. 한가지 생각에서 끝나는 일이 거의 없습니다. 게다가 생각의 형태가 복잡하기까지 해요. '생각이 꼬리에 꼬리를 문다'라는 표현이 있지요. 저는 이 문장이 INTP의 특징을 잘 설명한 것이라고 생각합니다. 생각을 확장하는 데 한계가 없어요. 그 정도로 넓습니다. 어쩔 땐 생각하는 일에 빠져 한참 생각만하다가 해야할 일을 하지 못해 마감 시간에 겨우 일을 마무리하기도 해요.

22

INTP는 기억력이 나쁜 편은 아닙니다. 하지만 특정 영역에 있어서는 신기할 정도로 기억을 못 하는 경우가 있어요. INTP가 기억을 못 하는 게 있다면, 그건 그 사람에게 필요 없다고 낙인찍힌 영역인 게 분명합니다.

23

INTP는 자신의 생각을 전개하는 것에 뛰어난 능력을 지니고 있지만, 누군가를 이해시키기 위해 설명하는 일에는 큰 관심이 없어요. 답답한 걸 잘 못 참거든요. 어쩌면 INTP가 가장 힘들어하는 사람은 끊임없이 설명을 해야 하는 멍청한 직장 상사일지도 모릅니다.

24

누군가가 하는 말의 모순이나 허점, 오류나 잘못 등을 빠르게 캐치합니다. 찾으려고 해서 찾아지는 게 아니라 그냥 잘 발견해요. INTP 유형의 사람들 중 말을 거침없이 하는 경우가 있어요. 이런 사람들은 머릿속으로 생각한 걸 입 밖으로 덜컥 꺼내버려서 누군가에게 상처를 줄 때도 있습니다.

25

토론에 자신 있는 편이지만, 말싸움보다는 글로 싸우는 걸 선호하는 INTP들도 있습니다. 문제를 바라볼 때 단편적, 단면적으로 보기보다 다각도에서 분석하고 심층적으로 살펴보는 게 일상이죠. 그만큼, 그것을 정리해서 텍스트로 보여주는 걸 편하게 느끼는 경우도 있어요.

26

논리적으로 이해가 되지 않는 것에 대해서는 받아들이기 어려워하는 성향이 존재합니다. 때문에 종교나 초자연적인 것에 대해선 쉽게 이해하지 못하는 경우도 있습니다.

27

INTP는 무엇을 시작할 때 설명서를 정독하는 패턴을 가지고 있지 않습니다. 자신의 직관이 뛰어난 만큼, 무언가를 직접 파악하는 일에 자신감을 가지고 있거든요. 그걸 잘하기도 하고요. 직접 부딪혀 깨닫는 것을 중요한 가치로 여깁니다.

28

사람들과 대화를 나누면서도 머릿속으로는 다른 생각을 하거나 가설을 세우며 상상의 세계를 펼치곤 합니다. 그러다가 떠오른 생각을 있는 그대로 꺼내놓을 때가 종종 있지요. 생각이 예상하지 못한 방향으로 흘러가는 경우가 많기에 '범위를 벗어나는 좋은 아이디어'일 때도 있고, '분위기와 어울리지 않는 이야기'일 때도 있습니다. 생각을 정리하여 전달하는 방식을 많이 연습한 INTP의 경우, 새로운 기회를 제안하는 캐릭터로 주변에 인지되고 있을 가능성이 높습니다.

29

INTP는 다른 사람의 사생활이나 사적인 영역에 어떤 형태로든 개입하는 걸 꺼립니다. 조언을 하더라도 자신의 생각이나 경험으로 위로, 설득하기보단 객관적인 정보와 지식을 전달하는 걸 선호해요. 기본적으로 자신이 '잘 알고, 확실히 아는 것'이어야 합니다.

INTJ

자세히 살펴보면 발견할 수 있는 31가지 특징

01

INTJ는 어려운 일을 만나면 오히려 즐거움을 느낍니다. 심지어 일이 어려우면 어려울수록 재미있어 해요. 높은 난도의 퀘스트가 주는 자극과 쾌감을 좋아하기 때문입니다. 그렇다 보니 오히려 쉬운 일이나 대충 해도 되는 일에 대해선 흥미가 없기도 해요.

02

누군가 약속을 어기거나 이로 인해 시간을 무의미하게 허비하는 걸 진짜 싫어해요. 사람들과의 관계에서 이루어지는 대화에 있어서도 생산성이 조금이라도 떨어진다고 생각하면 시간이 아깝다고 속으로 생각하곤 합니다. INTJ와 친해지고 싶다면 의미 없는 잡담은 도움이 되지 않을 수 있음을 기억하세요.

03

INTJ는 개념과 원리의 이해, 이론적 서술에 특화되어 있어 어떤 영역이든지 논리적으로 설명이 가능해야 한다고 생각합니다. 공식을 구성하는 기본 원리나 문맥을 구조적으로 파악하는 것에 두각을 보이기 때문에 학창 시절 성적이 매우 좋았을 가능성이 있습니다. 어느 INTJ의 경우, 공부를 한다는 행위 자체가 오히려 쉽다고 느끼기도 해서 최상위권의 성적을 확보하는 일에 관심을 가지기도 합니다. 그런 INTJ를 옆에서 보면 학구열이 강한 편이라고 느낄 수도 있겠습니다.

04

감정이 앞서거나 지나치게 감성적인 사람과는 공존하기 어렵다고 생각합니다. 대화 중인 상대방이 지나치게 감정적이라는 생각이 들면, 대화나 의사 결정을 나중으로 미루는 게 좋다고 생각하며 조용히 멀어지곤 합니다.

05

완벽주의 성향이 특히 강한 INTJ의 경우, 불완전함에 대해 강한 불만을 지니거나 그것을 공식적으로 표출하는 경우도 있습니다. 완벽을 추구하는 성향을 생산적이고 건설적인 방향으로 이끈다면 모두를 놀라게 할 정도의 엄청난 결과물을 만들어내는 것도 INTJ의 특징입니다. 다만, 이 과정에서 동료들과의 마찰이 생기거나 관계적인 어려움이 발생할 수 있으니 대인관계를 다루는 스킬의 고도화가 필수적으로 요구될 수 있습니다.

06

명확하게 정리되어 있는 학문을 좋아하는 편입니다. 물리학, 법학, 화학, 수학, 철학 등 다른 학문의 기초가 되는 지식에 많은 관심을 가지고 있기도 해요.

07

애초에 INTJ 유형인 사람이 많지 않아 그들을 제대로 파악하는 게 쉬운 일은 아닙니다. 하지만 주변에 INTJ가 있다고 하더라도 그 사람들이 어떤 성향인지, 어떤 타입인지 알아내는 것은 상당히 어려운 일이에요. 표면적으로 보이는 것 외에 INTJ가 속으로 어떤 생각을 가지고 있는지 알기는 매우 어렵기 때문입니다.

08

고집이 센 유형에 속합니다. 자신의 행동과 말에 있어서 확신을 가지고 있기도 하고, 전반적으로 능력치도 좋은 편이라 자신감도 큽니다. 자신이 가지고 있는 신념을 관철시키는 일에 익숙하기도 하고요.

09

의식적으로 감정을 잘 드러내지 않으려고 노력합니다. 하지만 그렇다고 해서 INTJ가 감정을 완전히 배제하며 살아가는 것은 아니에요. 애초에 그런 게 가능하지도 않고요. 다만, 감정이 외부로 표출되기 전에 내면에서 1차적으로 소화를 먼저 하는 것뿐입니다.

10

사회에서 오랫동안 쭉 지켜져 내려온 질서나 풍습, 사회가 대체적으로 인정하고 있는 관습 같은 것들에 대해서 언제든지 바뀌거나 깨질 수 있는 것이라고 여깁니다. 어떤 관습에 대해서는 말도 안 되는 것이라고 생각하고 있기도 하고요.

11

당신이 만약 INTJ의 직장 상사라면 이해하기 어려운 표현이나 어설픈 설명으로 업무지시를 하지 않는 게 좋습니다. INTJ로 하여금 명확하게 이해를 시키는 작업이 먼저 진행이 되어야 그들이 제대로 몰입할 수 있거든요. 실제로도 자신이 머리로 받아들이지 못하는 것에 대해 억지로 하는 것을 극도로 싫어합니다.

12

자신이 스포트라이트를 받거나 유명해지는 것은 부담스러워합니다. 사람들 앞에 나서는 걸 즐기는 편이 아니기도 하고요. 하지만 자신이 속한 공동체나 조직 안에서 중요한 역할을 감당하는 것은 의미있는 일이라고 생각하곤 해요.

13

타인을 이해하는 일에 자신의 에너지를 과도하게 쏟는 것은
시간 낭비이며, 의미가 없는 일이라고 생각하고 있을 가능
성이 있습니다.

14

의심이 많습니다. 나쁜 방향으로의 의심이라기보다는 모든
것의 가능성을 머릿속으로 먼저 떠올려 보기 때문에 제법
날카로운 질문을 던지는 편입니다. 그러한 의심 섞인 질문
을 자기 자신에게도 거침없이 들이대는데, 이 과정에서 발
생하는 스트레스를 잘 해결하는 것이 매우 중요합니다.

15

어느 경우에 있어서도 거의 항상 플랜 B를 가지고 있습니다.
당황스러움을 느낄 수 있는 상황에서도 그다음 대처까지 걸
리는 시간이 굉장히 짧습니다. 발생할 수 있는 여러 상황에
대해서 어떻게 대응할 것인지 머릿속으로 생각하는 게 습
관화되어있다고 볼 수 있습니다. 만약 당신의 직장 상사가
INTJ라면, 불안한 상황에서도 든든하다고 느낄 수도 있겠

습니다.

16

INTJ는 친구가 아주 많은 편은 아니에요. 어쩌면 애초에 친구가 많아야 한다고 생각하고 있지 않을 수도 있습니다. 물론 지인은 많아요. 그 지인들 중에서 INTJ가 '진짜 우정' 카테고리로 분류한 사람의 수가 굉장히 소수라는 것이지요. INTJ가 당신에게 친해지고 싶다는 어필을 강하게 하거나 자신의 사적인 영역에 들여놓았다면, 당신을 그 몇 안 되는 친구로 인정했다고 생각해도 좋습니다.

17

만약 당신이 INTJ와 연애 중이라면 '이런 연애는 처음이야' 라고 생각하는 경우가 종종 발생할 수 있습니다. 겉으로는 차갑게 느껴지는 INTJ도 사랑에 빠진다면 정말 그 사람을 바라보며 최선을 다하거든요. 기질 자체가 워낙 설계하는 것을 좋아하기 때문에 사랑에 대한 표현이나 기쁨을 주기 위한 이벤트도 구조를 가지고 체계적으로 진행될 수 있어요. INTJ의 사랑 표현 방식이 다소 복잡하거나 뻣뻣하더라도 당신에게 노력을 한다는 걸 느꼈다면, 그것에 대해선 의심하지 않아도 좋습니다. 사랑이 맞아요.

18

자신에게 의미가 있다고 느낀 영역에 대해서는 최선의 노력을 보이는 편입니다. 또한 자신의 관심사에 대해서 다른 사람이 따라갈 수 없을 정도로 깊게 파고들기도 해요.

19

빈말을 하지 않습니다. 듣기에 좋은 말을 하는 것을 성향상 원하지도 않고 필요 없다고 생각해요. 사회생활을 하다보면 때로는 빈말을 해야 할 상황이 있을 수 있으나, 이런 상황에서도 굳이 먼저 입에 발린 말을 하지는 않습니다.

20

무언가를 결정할 때 꽤 신중한 태도를 견지합니다. 결정한다는 행위의 무게감을 아는 편이라고 할 수 있겠습니다. 어떤 것을 결정할 때 확신을 가지기 위한 근거 확보를 열심히 하기도 해요. 철저히 조사하고, 분석하고 그것을 기반으로 결정합니다. 그렇다 보니 시간이 좀 걸리기도 해요.

21

INTJ와의 대화는 진지한 분위기로 이어질 때가 많습니다. 분위기가 무거워진다기보다는, 지적인 욕구가 강하게 발현되는 성향이다 보니 지식과 교양이 교차하며 수준 높은 대화로 흐를 때가 있죠.

22

인간이라는 존재가 지닌 독립성의 가치를 높게 평가합니다. 자신의 인생이 독립적인 만큼, 다른 사람의 인생도 그러해야 한다고 생각해요. 자신의 의지로 자유롭게 살아가는 것. 그것이 INTJ의 중요 가치관 중 하나입니다. 그렇다 보니 독립성이 발휘되지 못하는 상황이나 자유를 침범당하는 상황에서는 괴로움을 크게 느껴요. 이 부분을 특히 중요하게 생각하는 INTJ의 경우, 조직에서는 직장 상사와 학창 시절에는 선생님 혹은 교수님과 마찰을 겪는 일이 자주 발생했을 수 있습니다.

23

누군가의 고민을 듣더라도 사실 다른 사람의 생각이나 고민에 큰 관심을 가지고 있지는 않습니다. 충고와 조언은 현실적일수록 좋다고 생각하는 타입이라, 감정적인 공감보다는 실용적인 해결책 위주의 제안을 할 가능성이 높아요. 이때, 고민을 털어놓은 사람이 공감을 못 받았다는 생각에 서운함을 느끼는 경우도 있을 수 있겠습니다.

24

겉으로 보이는 모습이 객관적이고 현실적이고 합리적이지만, 의외로 상상력을 발휘하며 판타지, 공상에 닿아있는 생각을 자주 하기도 합니다.

25

말을 잘합니다. 구조적으로 생각하고 논리적으로 풀어내는 것을 워낙 잘하기 때문에 사용하는 단어의 수준과 능력이 매우 뛰어난 INTJ가 많습니다. 또한, 어떠한 이야기나 개념을 상대방에게 전달하는 능력이 매우 뛰어난 편입니다. 분명 수다스러운 스타일은 아니지만, 본인이 꽂힌 특정 주제에 관해서는 대화의 총량에서 상당한 지분을 차지하는 경우도 종종 볼 수 있어요.

26

시스템을 구축하고 명료하게 정리하는 것을 잘합니다. 좋은 시스템을 만들기 위해 기존의 시스템을 해체하는 일도 잘해요. 창조적 파괴도 서슴지 않습니다. 자신만의 방식으로 재구축하며 시스템을 만들어낼 때 쾌감을 느끼기도 해요. 어쩌면 무언가를 기획하고 개발하는 일에 특화된 캐릭터라고 볼 수도 있겠습니다. 무엇이든지 효율적으로 접근하는 걸 선호하기도 하고요.

27

어떠한 일을 할 때 대충 하거나 적당히 마무리하는 걸 정말 싫어합니다. 노력이라는 것은 필연적으로 가장 좋은 것을 만드는 단계라고 생각해요. 그뿐만이 아닙니다. 그로 인한 결과물은 자신이 만들 수 있는 최상의 것이 되어야 한다고 생각하기도 합니다.

28

논리적으로 생각하고, 해석하고, 또 분석합니다. 객관적인 시선을 유지하려고 의식적으로 애를 쓰기도 해요. 가끔 누군가 비논리적으로 자신의 의견을 설파하고 있다면 INTJ는 자신의 논리로 눌러버리고 싶다고 생각하기도 해요. 근거가 부족한 이야기들은 대체로 쓸데없는 것들로 치부하곤 합니다.

29

회식을 좋아하지 않습니다. 그 외에도 보통 관계성을 구축하기 위해 소요되는 활동을 꽤 귀찮아한다고 볼 수 있습니다. 일을 하기 위해 만난 관계는 그저 서로의 영역에서 최선의 결과를 보여주면 된다고 생각하기도 합니다. 누군가는 이런 INTJ를 보며 외로울 거라고 생각하지만 정작 INTJ 본인은 전혀 신경 쓰지 않아요. 또한 만남이 있으면 필연적으로 헤어짐이 있다고 생각하는 편입니다.

30

INTJ가 만약 당신을 자신의 공간, 집에 초대한다면 상당한 의미를 지닌 사람으로 생각한다고 이해하셔도 좋습니다. 개인적인 공간에 타인이 들어오는 것을 쉽게 허용하지 않기에 '집으로의 초대'라는 건 굉장한 친밀도를 기반으로 해야 가능한 제안입니다.

31

다른 사람의 인정과 칭찬을 좋아하지만, 그것을 위해서 행동하는 일은 없습니다. 자기 자신에 대한 스스로의 기준이 매우 높고, 그것을 달성하면서 스스로를 인정할 수 있는지가 가장 중요하기 때문에 대부분 자신과의 싸움인 경우가 많아요.

INFP

자세히 살펴보면 발견할 수 있는 28가지 특징

01

INFP는 상대방의 감정을 중요하게 생각해서 어떻게 하면 타인의 마음이 다치지 않게 말을 전할 수 있을지 많이 고민합니다. 조화로운 걸 좋아해요. 그렇다 보니 직설적인 화법보다는 문장을 예쁘게 만들거나 이리저리 돌려서 표현하기도 해요. INFP가 전달하고 싶어 하는 바를 눈치채지 못한다면, 의사 표현이 모호하다고 느낄 수도 있습니다. 단칼에 거절을 하지 못하고, 모진 말도 잘 못해요. 사람한테 상처 주는 거 싫어하거든요.

02

다른 사람과의 관계가 틀어졌을 때, 어디부터 잘못됐는지

되짚어가는 일에 많은 시간을 쏟는 편입니다. 그렇다 보니
이 과정에서 스트레스를 받기도 해요.

03

자신만의 공간에서 편안하게 시간을 보내는 걸 정말 좋아해
요. 집돌이, 집순이 중에 INFP가 유독 많은 것도 이 때문입
니다. 단체로 우르르 몰려다니며 어수선한 것보다는 혼자
있는 걸 훨씬 더 편하게 생각합니다. 대표적으로 '집에 있으
면서 집에 가고 싶어'하는 유형이라고 할 수 있죠. 혼자만의
시간에 취미 생활을 즐기는 것도 꽤 중요하게 생각하기 때
문에 게임, 영화, 음악, 독서 등 전반적으로 교양을 쌓는 일
에 관심이 많습니다.

04

마음이 여린 유형 중 하나입니다. 섬세한 감정선을 지니고
있기 때문에 상처를 잘 받기도 해요. INFP의 풍부한 감수성
을 극대화할 경우, 예술적인 재능으로 발현되기도 합니다.
창의력과 독창성이 뛰어난 INFP는 무언가를 상상하거나
그것을 만들어 내는 것에 관심이 크기도 해요.

05

MBTI 유형 관련 콘텐츠나 분석글을 보는 걸 좋아해요. 다른 사람을 이해하고 파악하는 일에 관심이 많은 편이어서 그런 것 같습니다.

06

스스로 힘들거나 어려움을 겪는 상황에 처하더라도 그것을 주변에 티 내지 않으려고 굉장히 애를 씁니다. 속상한 일을 겪은 INFP는 아마 이걸 혼자 풀어내야 한다고 생각하고 있을 가능성이 커요.

07

다른 사람이 즐거워하거나 기뻐하는 모습을 보는 걸 좋아해요. 만약 INFP가 자신을 통해 상대방이 그런 행복한 감정을 느꼈다는 걸 알게 되면 정말 기뻐할 겁니다.

08

겉으로 보기와는 달리 은근 승부욕이 있습니다. 이기기 위해 수단과 방법을 가리는 편은 아니지만, 지는 건 싫어해요.

INFP를 떠올릴 때 다양한 이미지로 기억되는 것도 이러한 이유 때문입니다. 고집스러우면서도 부드럽고, 적극적이기도 하면서 조용하죠. 순한 것 같으면서도 거칠기도 합니다. 이 모든 게 INFP의 모습이에요.

09

자신의 생각과 가치관이 뚜렷합니다. 마음속에 품고 있는 신념이나 가치관의 범위 안에 대해서 최대한의 관심과 호의를 베풀 줄 알아요. 여러 영역에 개방적인 태도를 지니고 있으며, 스스로 가치가 있다고 느낀 것에 열정을 가지고 있습니다. 하지만 자신의 가치관으로 인해 다른 사람이 다치거나 상처를 받거나 갈등이 생기는 것은 극도로 경계합니다.

10

내적으로 성장하는 것과 내면 세계를 견고하게 만드는 일을 중요하게 여깁니다. 결과가 좀 아쉽더라도 과정을 통해 경험을 쌓았다면 그것으로도 충분히 의미가 있었다고 생각해요. 결과라는 현실적 영역보다 과정을 더 중시하는 성향 탓에 너무 이상적이라는 평가를 받게 될 가능성도 있습니다.

11

INFP는 넓은 이해심을 지녔습니다. 상대방의 입장을 생각해 보는데 익숙하고, 웬만한 일에 대해선 관대하게 받아들입니다. 개방적인 마인드로 대부분의 것들을 대합니다. 물론, 자신의 가치관을 조금이라도 침범한다는 생각이 들면 가차 없이 끊어내거나 선을 긋기도 하죠. INFP가 경계선을 분명히 한다면, 절대 넘어가지 않는 게 좋습니다. 이 부분만큼은 타협이 없어요.

12

INFP와 대화를 나누면 편하다는 것을 느끼게 돼요. 대체로 의견을 잘 받아주거든요. 아마 착하다는 이야기를 많이 들어보았을 가능성이 높습니다. INFP가 우유부단하거나 자신의 목소리가 없는 게 아니라 의견을 조율하는 일에 관심이 많고, 함께 무언가를 만들어내는 것을 중요하게 생각하기 때문이라는 것을 기억해 주세요.

13

단순하게 기억력이 좋은 편이라고 하긴 어렵지만, 어떤 영역에 있어서는 한 번 들은 말을 잊어버리거나 절대로 쉽게 넘기지 않아요. 취향도 확고하고 호불호가 매우 강합니다. 한 번 싫은 건 끝까지 싫어해요.

14

만약 고민을 털어놓을 상대가 필요하다면 INFP를 찾아가세요. 어떤 내용이든 잘 들어줄 거예요. 상황에 따라 자신이 도움을 주기 위해 노력하기도 합니다. 고민에 대해 실질적인 해결책과 명료한 답을 주지 않을 수 있지만, 감정적 지지만큼은 확실히 해줄 겁니다.

15

겉으로는 티가 안 나지만, 속으로는 고민이나 갈등이 꽤 많습니다. 감정적이고 감성적이에요. 상황을 바라볼 때 논리적으로 해석하기보단 감정적으로 받아들이기도 해서 감정의 기복도 있고요. 어떤 INFP는 눈물이 엄청 많기도 해요. 물론 자신의 감정이 요동치는 폭을 잘 알기 때문에 크게 흔들릴 때 어떻게 넘겨낼 것인지 자신만의 방법을 만들어두기도 합니다. 감정을 다루는 일에 능숙하고 익숙해요.

16

연락하는 것을 귀찮아합니다. 만약 당신이 INFP와 연애를 하는 중이라면, 연락의 빈도가 사랑과 관심의 크기와 비례하지 않는다는 것을 기억해 주세요.

17

INFP는 다른 사람의 시선에 신경을 많이 쓰는 편입니다. 간섭하는 것, 간섭받는 것 모두 불편해하기도 하고요.

18

사람들 앞에 서는 것을 어려워해요. 주목받기 위해 의도적으로 행동하는 일도 없습니다. 만약 여러 사람들 앞에서 마이크를 잡고 이야기하거나 앞장서서 이끌어가는 INFP를 본다면, 큰 용기를 낸 것이고 많은 에너지를 소모하고 있는 중이니 원활히 진행되도록 곁에서 도와주면 좋겠습니다.

19

조금 모순된 표현이지만, 혼자 있고 싶어 하는 순간이 많으면서도 때로는 혼자 있을 때 외로움을 느끼기도 합니다.

20

자신의 신념을 침범당하거나 받아들일 수 없는 가치관을 강요받으면 절대 타협하지 않습니다. 융통성이 있으면서도, 어느 영역에 대해선 융통성이 전혀 없기도 합니다. '모든 걸 다 이해하지만, 아닌 건 아닌 것이다!'라고 생각하는 부분이 있습니다.

21

INFP는 타인에 대한 배려심이 강한 유형이에요. 이해심이 많고 관대합니다. 웬만한 일로는 갈등, 분쟁을 만들지 않고 타인을 난처하게 하지도 않아요. 그 정도로 상대방의 감정과 변화에 민감하고 관심이 많습니다. 그렇다 보니 때로는 타인의 말을 과대 해석하거나 너무 기민하게 받아들여 상처를 받기도 해요. 당신이 어느 순간 INFP의 배려를 경험한다면, 그만큼 주변을 둘러싼 것들에 대해 예민하게 반응하고 있다는 사실을 떠올려주세요.

22

잡생각이나 몽상이 많고 딴짓을 많이 하는 편이에요. 동시에 여러 가지 일을 해내는 건 어려워해서 이런저런 생각이 깊어지면 생각하는 일에만 시간을 너무 많이 쏟을 수 있어요. 이로 인해 해야 할 일을 마감 기한에 닥쳐 급하게 처리할 때도 더러 있습니다.

23

대화가 잘 된다고 분류한 몇몇 친구들과는 상당히 깊은 수준으로 교류합니다. 만약 INFP가 '이야기하느라 시간 가는 줄 몰랐다'라고 말하는 걸 들어봤다면 상당히 친한 관계라고 생각해도 좋습니다. INFP는 대화가 안 된다고 생각하는 사람과도 관계를 잘 유지하고 친절하게 대하지만 그저 사회적으로 필요한 수준에서 관계를 유지합니다. INFP의 손절은 갑작스럽지 않은 방식으로 은근하고 천천히 이루어집니다.

24

완벽주의 성향이 있습니다. 맡겨진 일에 대해서 과하다 싶을 정도로 잘 해내고 싶어 해요. 하지만 완벽하게 마무리를 해내지 못할 것이라는 생각이 들거나 끝낼 엄두가 나지 않는 일은 시작 단계부터 꽤 오랫동안 머뭇거리기도 합니다.

INFP를 두고 '게으른 완벽주의자'라고 표현하는 것도 이러한 이유 때문일 수 있습니다.

25

INFP는 이상주의 성향을 가지고 있습니다. 그래서 스스로 높은 기준을 설정하고 있을 가능성이 매우 크지요. 간혹 너무 이상적이라 현실과 동떨어져있다고 느낄 때도 있어요. 게다가 INFP는 적당한 수준에서 대충 만족하는 일이 없는 편입니다. 하나하나 꼼꼼히 살펴보고 따져 봅니다. 만약 당신이 INFP와 연애를 하는 중이라면, 꽤 까다로운 여러 기준들을 통과했다고 생각해도 좋습니다.

26

관계, 상황 등 여러 영역에서 스트레스를 정말 많이 받는 유형이에요. 그래서 이 부분을 해소하기 위한 자신만의 방법을 보유하고 있습니다. 방법은 매우 다양하며, 주로 혼자만의 시간 혹은 소수의 사람들 사이에서 이루어지는 타입입니다. 산책을 하거나 자연 속에 들어가는 경우도 있고, 1~2명의 친구와 대화하며 시간을 보내기도 해요. 스트레스를

줄여야겠다고 생각하는 순간에는 많은 사람들이 있는 곳을
의식적으로 피하기도 합니다.

27

자신이 하는 일에 담긴 의미를 깨닫거나, 가치를 발견하거나, 동기부여가 되면 더욱 최선을 다합니다. 그 결과가 INFP를 배신할지라도 과정에서는 분명 의미와 가능성을 찾아냅니다. 만약 당신이 INFP의 직장 상사라면, 해야 할 일을 단순히 지정하기보단 그 일에 담긴 의미를 이해시키는 게 더욱 효과적입니다. 가치 있다고 느낀 일에 대해선 자신의 모든 것을 다해 이루어내려고 노력하거든요.

28

관계든 상황이든 그것에 담겨있는 '진정성'을 중요한 가치로 여깁니다. 입에 발린 말이나 가식적인 태도에 대해선 부담스럽거나 거북하다고 느껴요.

INFJ

자세히 살펴보면 발견할 수 있는 25가지 특징

01

INFJ는 생각이 정말 많습니다. 또래 아이들에 비해 정신적
으로 성숙하다거나 어른스럽다는 이야기를 들었을 가능성
이 높아요. 생각이 많은 만큼, 자신의 세계를 구축하는 시기
가 동갑내기 친구들에 비해 빠릅니다. INFJ의 이러한 기질
이 자아정체성이 형성되는 학창 시절에 발현되는 경우, 방
황을 하거나 갈등에 사로잡힐 가능성도 있습니다. 하지만
자신과 잘 맞고 대화가 통하는 사람들이 누군지 빠르게 발
견하는 편이라 소중한 몇 사람과의 관계를 통해 어려움을
잘 이겨냅니다.

02

INFJ는 관찰력이 상당히 뛰어나요. 상황에 대해서, 사람에 대해서 심지어 공간에 흐르는 미묘한 분위기까지 잘 파악합니다. 그렇다 보니 상황과 현상을 꿰뚫는 통찰력과 직관력이 굉장히 좋은 편이에요.

03

사람과 친해지는 데 시간이 오래 걸리는 편입니다. 곁에 두고 오래 사귄 친구들이 많은 것도 그 때문입니다.

04

스스로 의미가 없다고 정의한 일에는 어떠한 동기도 즐거움도 느끼질 못합니다. 자신에게 주어진 일에 대해서 항상 최선을 다하려는 태도로 임하지만, 무의미한 일이나 업무가 계속 반복되면 스스로 납득을 하지 못해 스트레스를 많이 받기도 해요. 하지만 INFJ가 '의미 있는 일'이라고 받아들인 것에 대해서는 믿고 맡겨도 좋습니다. 동기를 갖게 된 것은 최고의 결과물을 만들기 위해 자신의 모든 능력을 다하기 때문이지요. 이러한 기질로 인해 일중독 경향을 보이기도 합니다.

05

INFJ는 유행에 별로 흥미가 없을 수 있습니다. 가볍게 흘러가는 트렌드보단 오랫동안 의미를 지니는 것들에 더 많은 관심을 가지고 있어요.

06

INFJ의 장점은 배려심이 깊다는 것입니다. 그리고 단점 또한 배려심이 너무 깊다는 것이지요. 누군가에게 도움을 주는 걸 좋아하기도 하고, 자신의 범위 안에 들어온 사람의 일에는 최선을 다하는 스타일이라 제법 진지한 태도로 도움의 손길을 건네곤 해요. 다만, 다른 이를 돕느라 자신을 소홀히 하는 INFJ도 있을 수 있으니 중심을 잘 잡아야 할 필요가 있겠습니다.

07

생각이 잡념으로 변하는 경계선에서 시간을 많이 보내는 INFJ의 경우 불면증을 겪게 될 수도 있습니다. 새벽에 쉽게 잠을 이루지 못하는 INFJ에게는 수면의 양과 질을 높이는 게 숙명과도 같은 일이에요.

08

INFJ는 보수적인 성격 유형 중 하나이며 사람이나 취향, 상황에 있어서도 호불호가 뚜렷합니다. 또한 완벽주의 기질이 있어서 스스로 높은 기준을 세워놓고 그것에 가까이 다가가는 것에 열정을 불태우곤 해요.

09

걱정이 많은 타입이에요. 생각이 워낙 많고, 고민의 깊이도 깊은 편이라 자신의 삶에 대해서, 미래에 대해서, 존재 의미에 대해서도 많은 질문을 던지며 살고 있습니다. 생각이 깊다는 건 이해할 수 있는 범위도 남들보다 넓다는 것을 뜻합니다. 성숙하고 진지한 태도를 지닌 INFJ가 많은 것도 그런 이유에서입니다. 간혹 너무 많은 생각과 고민 때문에 어려움을 겪을 수 있어요. 너무 깊은 곳까지 들어가지 않도록 생각의 범위를 한정하고 생각의 주제를 조각내는 연습이 필요합니다.

10

INFJ는 어떠한 상황이나 문제를 직면했을 때, 어떤 것이 그 중심에 있는지 그리고 그것의 본질이 무엇인지 계속 추적합니다. 생각하는 일에 끈질겨요. 곁에서 INFJ와 오랜 시간을 함께 보낸 친구들은 '생각이 깊은 친구'라고 인지하고 있을 것입니다.

11

사람들 앞에 서서 리드하는 일보다 조직 안에서 필요로 하는 일이 무엇인지 깊게 생각하고, 자신의 역할을 찾는 일과 그것에 최선을 다하는 것에 관심이 있습니다. 그렇다 보니 INFJ는 올바른 방향성을 지닌 좋은 리더와 서로를 향한 신뢰로 이루어진 뛰어난 동료들과 일할 때 가장 큰 시너지가 나고, 그것을 가장 큰 즐거움으로 여깁니다.

12

INFJ는 개인주의 성향이 강합니다. 모두가 아는 것처럼 이는 이기주의와 다른 개념이라, 다른 사람에게 피해를 끼치거나 불편함을 주는 방식이 아닙니다. 그저 타인과 자신을 명확히 구분할 줄 알며, 자신만의 관점을 구체화할 줄 아는 쪽에 가깝습니다. INFJ를 움직이게 하고 싶을 땐, '다들 그렇게 하니까 너도 그렇게 해!'보다는 '일반적으로는 다들 그렇더라. 너는 어떻게 했으면 좋겠어?'라는 질문으로 대화를 시작하는 게 좋습니다.

13

INFJ는 가장 섬세한 유형 중 하나입니다. 싫은 내색도 없고, 웬만하면 티를 안 내면서 맞춰주려고 노력해요. 사람들과의 관계를 중요시하는 만큼 그것에 쏟는 에너지가 많습니다. 그 과정에서 상처를 많이 받기도 하고, 자신이 소중하다고 생각하는 몇 사람을 통해 치유를 경험하기도 해요. 그래서 사람에 울고, 사람에 웃는 일을 경험할 가능성이 높습니다.

14

상황에 따라 착용하는 여러 개의 가면을 가지고 있습니다. 회사에서의 INFJ와 친구들 사이에서의 INFJ, 가족 구조 안에서의 INFJ가 각각 다른 사람처럼 느껴질 수 있어요. 그 정도로 자신을 둘러싼 모든 상황과 환경을 조심스럽게 대합니다.

15

사람들과의 관계를 정말 중요하게 여겨요. 아주 가까운 범위의 사람들과 우정을 나누는 것은 물론이고, 적당한 거리에 있는 얕은 관계들까지 소중하게 여기려고 노력하는 편입니다. 물론, 진짜 마음을 나누어 주는 깊은 관계는 소수의 사람들뿐이지만요. 이렇게 인간관계를 중요하게 여기는 성향으로 인해 사람들과의 마찰이나 갈등, 싸움의 씨앗이 보인다 싶으면 의식적으로 피하는 편이에요. 갈등보다는 조화를 선택하는 사람이라고 볼 수 있습니다.

16

INFJ는 사람과의 관계에 스트레스가 쌓이는 걸 가장 힘들어합니다. 오히려 일이나 업무의 난도가 높으면 제법 잘 헤쳐 나가는데, 인간관계에 힘듦을 느끼면 번아웃을 더 쉽게 경험해요.

17

INFJ는 정신과 영혼에 대해 많은 관심과 호기심을 가지고 있습니다. 눈앞에 보이는 물질의 세계뿐만 아니라 정신세계에 닿아있는 개념에 대해서도 깊게 탐구하는 편이에요. 예컨대 심리학, 종교, 삶의 존재 의미, 철학, 자아성찰, 인간과 영혼, 생명과 죽음, 영적인 세계 등 깊은 정신 수준에 도달해야만 닿을 수 있는 영역 말이지요.

18

INFJ는 가끔 사람들과의 대화가 어렵다고 느끼기도 합니다. INFJ의 생각의 깊이를 다른 사람들이 따라오지 못하는 경우가 종종 있거든요. INFJ와 대화를 하다가 알아듣지 못하는 부분이 있다면 솔직하게 이야기해주세요. 차근차근 잘 설명해 줄 거예요. 자신이 아는 것을 상대방이 이해하도록 설명하는 일에 재능이 있는 편이거든요.

19

만약 당신이 INFJ의 동료라면, 자신의 일에 상당한 열정과 집중력을 보이는 INFJ의 모습을 자주 목격할 수 있었을 거예요. INFJ는 자신이 옳다고 생각하거나, 가치 있다고 여기는 것에 대해선 자신이 할 수 있는 최대한의 에너지를 쏟아내는 스타일이라 '이거 해보고 싶다'라는 동기가 스스로에게 부여되면 그것을 달성하는 데까지 부단히 노력합니다.

20

말하기 능력도 좋지만, 특히 어학과 글쓰기 능력이 뛰어납니다. 생각의 구조가 문장을 만들어 내는 일에 특화되어 있어서 완성도 높은 글로 서술하는 일을 잘합니다. 또한, 영감이 뛰어나서 시적인 표현 방법(은유법, 언어유희, 비유법 등)을 사용하는 일에 재능을 보입니다. 어쩌면 INFJ의 대부분은 말보다 글로 자신의 생각을 표현하는 게 더 편하다고 생각하고 있을 수도 있어요. 실제로 글을 쓰거나 책을 읽는 혼자만의 시간을 갖는 걸 좋아하기도 합니다.

21

INFJ는 언어와 행동의 품위를 높은 수준으로 유지하는 걸 중요한 가치로 여깁니다. 도덕적 기준이 높아요. 그렇다 보니 INFJ 유형의 사람들 중에는 과격한 언사를 가진 사람은 거의 없는 편입니다. 그리고 INFJ 앞에서는 거짓말을 하지 않는 게 좋아요. 눈치가 빨라서 금방 들통날 가능성이 높고, 거짓말을 매우 싫어하기 때문입니다.

22

INFJ는 생각이 깊고, 섬세한 감정선을 지녔으며, 목표로 한 일을 달성해 냅니다. 그래서인지 주변에 존경하는 선배, 영감을 주는 동료 중에 INFJ인 경우가 많이 있습니다. 만약 당신이 INFJ의 후배라면, INFJ에게 진실한 태도로 고민을 꺼내놓아도 좋습니다. 분명 의미 있는 조언을 들을 수 있을 거예요.

23

INFJ는 겉으로는 차가워 보여도 타인에겐 매우 친절하고 다정하고 따뜻한데, 자기 자신에겐 무서울 만큼 엄격할 때가 있습니다. 냉정할 땐 정말 냉정해요. 하지만 동정심도 매우 강해서 가여운 존재를 보면 그냥 지나치질 못합니다. 이른바 '강강약약(강자에게 강하고 약자에게 약하다)'으로 해석될 수도 있겠어요.

24

생각이 깊은 만큼, 자신이 옳다고 생각하거나 확신을 가진 어떤 영역에 대해서는 절대 타협하거나 쉽게 바꾸지 않습니다.

자신이 옳다고 믿는 신념을 가능한 마지막까지 지켜내는 타입이에요. 그렇다 보니 고집이 세다고 느낄 수도 있습니다. 가끔 생각이 너무 많아질 경우, 현실과의 괴리가 커져서 적응을 못하는 상황도 종종 발생합니다. INFJ는 지극히 현실적이면서도 이상적인 형태까지 동시에 생각할 줄 알아요.

25

다수의 사람들과 왁자지껄한 시간을 보내는 것보다 1:1로 밀도 있는 관계를 맺어가는 걸 좋아해요. INFJ는 마음을 나누어주기로 결정한 사람에겐 자신의 모든 것을 보여주는 편이며, 변하지 않는 사랑과 믿음을 약속하기도 합니다. 물론, 이런 성향 탓에 믿었던 사람에게 크고 작은 상처를 받는 경우도 많아서 대인관계에서 스트레스를 받는 상황에 처하게 될 가능성이 높습니다.

두 번째

M B T I

관
찰

IS

ISTP

자세히 살펴보면 발견할 수 있는 28가지 특징

01

ISTP는 꽤 솔직한 유형 중 하나입니다. 타인의 비위와 기분을 맞추기 위해 마음에도 없는 소리를 하지 않습니다. 느낀 그대로를 전달하는 일에 익숙해요. 어떤 경우엔 꽤 직설적으로 표현하기도 합니다.

02

정해진 대로 무조건 해야 하는 것보다는 상황에 맞게 융통성이 발휘되는 방향으로 이끌고 가는 걸 좋아합니다.

03

ISTP는 자신의 관심 분야를 무서울 정도로 파고드는 스타일이에요. 물론, 좋아하는 일이라고 무조건 잘하게 되는 것은 아니지요. 하지만 ISTP의 경우는 좀 다릅니다. 자신이 좋아하게 된 일을 충분히 즐기고, 잘하게 되고 마침내 승리를 손에 거머쥡니다. ISTP는 자신이 좋아하는 일은 끝까지 해내는 편이지만, 시선을 끌지 못하는 일에 대해서는 차가울 정도로 무관심으로 일관하기도 합니다.

04

ISTP는 제법 조용한 스타일이에요. 그런데 꽤 시끄러운 편입니다. 말에 모순이 있지요. 하지만 정말 그렇습니다. 내향적인지, 외향적인지 둘 중 하나의 모습으로 정의하기 어려울 수 있어요.

05

솔직히 말하면, 다른 사람의 형편이나 상황에 큰 관심을 가지고 있지는 않습니다. 개인주의적인 성향이 강하기도 하고요. 이런 성향으로 인해 팀플레이보단 혼자 이루어내는 성취에 더 익숙합니다. 하지만 타인을 배려하는 일을 잘하기도 해서 두 가지 모습을 동시에 가지고 있다고 볼 수도 있습니다.

06

당신이 ISTP를 오랫동안 곁에서 두고 봤다면 친해지기 전과 후가 꽤 다르다는 것을 깨닫게 될 것입니다. 적당한 거리에서 알았을 때의 모습과 절친이 되었을 때의 모습이 큰 차이가 날 수 있어요. 당신이 만약 ISTP를 보며 '이런 모습이 있었어?'라는 생각을 한 적이 있다면 ISTP와 꽤 친해졌다고 해석해도 좋습니다.

07

ISFP와 마찬가지로 혼자 보내는 시간을 좋아합니다. 아니, 어쩌면 좋아한다는 표현도 조금 부족할지도 모르겠어요. 혼자 있는 시간을 꽤 중요하게 생각합니다.

08

논리적이고 현실을 파악하는 능력이 뛰어납니다. 자신이 옳다고 생각한 영역에 대해선 자기주장과 주관이 강한 편이기도 하고요. 어떤 ISTP의 경우 주변 사람들에게 고집이 세다는 인상을 풍기기도 합니다. '누가 뭐래도 나는 내가 가야 할 길을 간다'라고 생각할 수도 있어요.

09

어떤 것의 원리를 파악하는 일에 관심이 있습니다. 객관적이고 합리적인 시선으로 관찰하는 일도 잘해요.

10

타인의 인생에 함부로 관여하는 건 주의해야 하는 일이라고 생각합니다. 그래서 오지랖을 부리는 일이 없어요. 각자의 인생은 각자의 가치관대로 살아가는 것이라고 생각하고, 다른 사람의 일에는 관심이 없어요.

11

눈치가 빠른 편이에요. 순발력도 좋고요. 조용히 자신의 일을 하는 것처럼 보이는 와중에도 사실 자신이 가지고 있는 여러 감각으로 상황과 환경의 분위기를 빠르게 파악합니다.

12

ISTP는 승부사 기질이 강한 유형으로 분류되곤 해요. 어떤 ISTP의 경우 충동적인 성향도 있는 편이죠. 되겠다 싶은 것에는 거침없이 배팅하기도 합니다. 스릴 넘치는 액티비티나 속도감을 즐길 수 있는 게임 같은 것들도 좋아해요. 다른 사람들이 머뭇거리는 것에 앞에서도 ISTP는 아무렇지 않은 듯 대수롭지 않게 먼저 한 발을 내딛곤 합니다.

13

ISTP는 혼자만의 시간이 필수적으로 확보되어야 하는 유형입니다. 가장 가까운 사이라고 할 수 있는 부모님이나 연인도 ISTP가 혼자만의 시간을 보내는 모습에 익숙할 가능성이 큽니다. ISTP는 자기 자신과 보내는 시간이 충만하길 원하고, 그것으로부터 충전된 에너지로 외부의 활동을 이어갑니다.

14

프라이버시를 꽤 중요하게 생각합니다. 자신의 프라이버시뿐만 아니라 타인의 프라이버시도 잘 지켜지고 존중되어야 한다고 생각해요.

15

ISTP는 누군가와 관계를 맺을 때 감정적으로 너무 많이 소모가 된다고 느끼면 조금씩 멀어지는 방향을 선택합니다. 과도하게 감정적인 사람과는 소통이 어렵다고 느끼거든요.

16

효율을 중요시하는 성향으로 인해 노력 대비 높은 성과를 내는 것에 관심을 가지고 있습니다. 실제로 지름길도 잘 찾아내는 편이고 요령도 금방 터득합니다. 임기응변이 뛰어나기도 하고요. 남들이 두 번 할 것을 ISTP는 한 번에 해내는 걸 좋아해요. 그래서 벼락치기를 잘하기도 합니다. 학창 시절의 ISTP는 선생님들께 머리가 좋으니 조금만 더 노력하라는 잔소리를 들어보았을 가능성이 있어요.

17

ISTP는 말이 많은 편은 아닙니다. 효율을 중요시하기 때문에 말도 중구난방으로 쏟아내지 않아요. 지금 해야 할 말이 무엇인지, 어떤 말을 해야 하는지 잘 파악합니다. 말도 딱 필요한 만큼만 하고요. 의미 없이 말을 많이 하는 건 ISTP에게 큰 스트레스로 다가오는 일이에요. 이런 성향 탓에 시니컬하고 도시적이고 차가운 이미지로 인지되기도 해요.

18

사람들과 두루두루 잘 지내는 유형입니다. 상황에 따라 다르지만, 사교적인 모습도 많아서 주변에 대화가 잘 통하는 친구들도 꽤 있는 편이에요. 하지만 아무리 친해도 자신이 정해놓은 선이 분명해서 함부로 대하거나 경계를 허물어뜨리는 관계는 싫어합니다. 공과 사가 분명한 타입이기도 하고요.

19

ISTP는 주변 지인들로부터 할 줄 아는 게 많은 사람으로 인지되고 있을 가능성이 있습니다. 실제로 어떤 ISTP는 꽤 손재주가 좋은 경우도 있어요. 자신이 관심을 가진 것의 구조를 빠르게 파악하기 때문에 기계든 악기든 지식이든 구조를 빠르게 알아차리고 잘 다룹니다.

20

호불호가 강하고 명확합니다. 그러나 한편으로는 자신 안에 누군가 혹은 무언가에 대한 고정관념이나 선입견이 생기는 것을 경계하기도 합니다.

21

본인의 속마음을 잘 이야기하지 않아요. 아무리 친한 사이여도 자신의 걱정이나 스트레스, 고민이나 힘듦을 나누지는 않으려고 합니다. 이는 심리적으로 거리를 두려는 건 아니며, 자신의 문제는 자신이 직접 직면하고 스스로 해결해야 한다고 생각하고 있기 때문이에요.

22

자신의 감정을 주변에 노골적으로 표현하지 않습니다. 당연히 감정의 변화는 있지만, 기복이 심한 편은 아니어서 적당한 수준으로 감정을 다룰 줄 안다고 해석할 수 있겠네요. 당신이 만약 ISTP와 연애 중이라면, 좀 무뚝뚝한 사람과 만나고 있다고 느낄 수도 있어요. 표정의 변화가 많지 않을 수 있거든요. 하지만 ISTP의 사랑은 감정 표현의 정도와 비례하지는 않다는 것을 기억하면 좋습니다.

23

할 수 있는 것도 많고, 할 줄 아는 것도 많지만 능력에 비해 행동력이 비교적 부족하여 오늘 할 일을 내일로 미루는 식의 패턴이 종종 보입니다. 만약 ISTP 곁에 가이드가 되어 잘 끌어줄 수 있는 좋은 선생님이나 계획성이 투철한 친구가 있다면 시너지가 날 수 있습니다.

24

당신이 만약 ISTP의 직장 상사라면, ISTP에게 여러 가지 일을 동시에 맡기기보단 한 가지 일을 맡긴 후 업무의 범위를 명확하게 정의해 주는 것이 더 좋은 성과를 낼 수 있습니다. ISTP의 경우 멀티가 잘 되는 편은 아니라 하나씩 집중해서 일을 끝내는 걸 더 선호하기도 하거든요.

25

ISTP는 낯가림이 심한 유형 중 하나입니다. 만약 당신이 생각하기에 ISTP가 말이 많다거나 장난도 많이 치고 잘 웃는다고 생각하면, 그 ISTP는 당신과 정말 많이 친해진 것이라고 생각하면 됩니다.

26

여러 성격 유형 중에서도 ISTP는 특히 하고 싶은 일을 할 때 큰 성과가 나는 스타일입니다. 하기 싫다고 느낀 건 정말 하기 싫어해서 어차피 시켜봐야 제대로 된 결과가 나오기 어려울 수 있어요. ISTP에게 무엇을 시키려면 억지로 자리에 앉혀놓고 시키기보다는, 그것을 스스로 하고 싶게 동기부여를 하는 것이 반드시 선행되어야 합니다. 과도한 잔소리는 오히려 역효과가 날 수 있으니 주의하세요.

27

ISTP가 당신의 메시지를 읽고 아무런 반응 없이 읽고 씹었다면, 그냥 '할 말이 없다'라는 간단한 결론을 내린 것입니다. 그 이상도 그 이하도 아니니, 과대 해석하지 않기를 바랍니다.

28

요점을 빠르게 파악하는 걸 좋아해요. 사족이나 쓸데없는 말을 듣는 걸 괴로워하기도 합니다. 당신이 ISTP와 대화를 한다면 기승전결 따져가며 대화를 할 필요는 없어요. 곧장 결론부터 이야기해도 괜찮습니다.

ISTJ

자세히 살펴보면 발견할 수 있는 28가지 특징

01

ISTJ만큼 자신의 범위 안에 들어온 것에 책임과 최선을 다하는 유형을 본 적이 없습니다. 그것이 사람이든, 물건이든, 조직이든, 일이든 말이지요. 맡은 일과 주어진 역할에 자신이 할 수 있는 최대한의 노력과 헌신을 보여주는 타입입니다. 끝까지 책임을 지고 마침내 이루어내요.

02

ISTJ에게 휴식은 '편안한 곳(장소)에서 보내는 시간'입니다. 그래서 주말이나 공휴일엔 대체로 집에서 시간을 보내는 것을 좋아해요. 낯선 공간은 불편해하고 익숙한 장소를 좋아합니다.

03

ISTJ는 번뜩이는 아이디어로 모두를 놀라게 하거나, 갑작스러운 변화에 기민하게 대처하는 타입은 아니에요. 하지만 모든 것들을 충분히 고려한 종합적인 선택과 결과물을 선보이는 일에 두각을 드러냅니다.

04

자기반성이 확실한 편입니다. 하루의 기록을 메모로 남기거나 일기를 꾸준히 쓰기도 해요. 지나간 일에 대해 아무리 작은 것이어도 교훈을 찾고 반성합니다. 같은 실수를 반복하지 않기 위해, 그리고 바꿔야 할 잘못된 것에 대해선 빠르게 수정하기 위해 애씁니다.

05

ISTJ는 차분하고 성숙한 느낌, 진중하고 깊은 감정을 지닌 사람으로 기억되고 있을 가능성이 높습니다. 그들도 마음이 흔들리거나, 화가 나거나, 동요할 때가 당연히 있습니다. 하지만 자신이 느낀 것을 외부로 표출하는 데 있어 섬세한 태도를 지니고 있기에 그것을 알아채는 것이 쉬운 일은 아니에요. 참는 일에 익숙하다 보니 화병이 생기지 않도록 마음을 유연하게 만드는 자신만의 해결법을 만들어둘 필요가 있습니다.

06

ISTJ는 의미 없이 주변을 어슬렁대거나 낯선 곳을 탐구하는 일에는 흥미가 없습니다. 유행에 관심이 없는 것은 아니지만, 트렌드를 따라 사람들이 잔뜩 모여 있는 곳을 우르르 몰려다니는 것은 선호하지 않아요. 낯가림이 심하기도 하고요.

07

ISTJ가 감정적으로 폭발하거나 분노를 표출하는 걸 보는 건 흔한 일이 아닙니다. 여간해서는 화를 잘 내지 않아요. 이런 ISTJ가 화를 낸다면 이때만큼 무서운 일은 없습니다. 그들을 화나게 하지 마세요. ISTJ가 화를 낸다는 건 꽤 오랜 기간 버텨오면서 참다가 폭발한 것입니다.

08

자기 자신에게 제법 엄격한 편입니다. 주변에서 칭찬할 정도의 결과물을 만들더라도 아쉬운 점, 개선해야 할 점을 먼저 보기 때문에 자화자찬하는 일이 거의 없어요. 자존감이 높은 ISTJ의 경우 더 좋은 성과를 내기 위해 리뷰를 촘촘하게 진행하나, 자존감이 낮은 ISTJ의 경우 자기비판적인 성향이 강하다고 볼 수 있습니다.

09

ISFJ와 마찬가지로 ISTJ도 굉장한 정리왕입니다. 자신을 둘러싼 거의 모든 영역에 대해서 정리 정돈을 해요. 회의록을 정리하거나 기획서를 정리하는 것도 상당히 잘합니다.

10

논리적이고 합리적인 유형 중 하나입니다. 융통성 있게 조율을 잘 하기도 하지만, 어느 영역에 있어서는 자신이 생각하는 기준에서 납득이 되지 않으면 절대 받아들이지 않습니다.

11

당신이 만약 ISTJ와 연애 중이라면, 많은 에너지가 소모되는 활동보다 차분하고 부드러운 데이트 코스가 더 좋습니다.

12

ISTJ는 애정 표현이 많지 않아요. 하지만 애정이 없다면 당신과 절대 만나지 않을 테니, 요란한 사랑 표현이 없다고 해서 마음이 작다고 오해하지는 말아주세요. 게다가 ISTJ는 사랑에도 책임을 다하는 유형이라 한 번 만나면 꽤 오래 만나는 편이기도 합니다.

13

만약 당신이 ISTJ의 직장 상사라면, 프로젝트의 세부 계획을 세우는 일을 맡기는 게 좋습니다. ISTJ는 작은 것에 주목할 줄 알고, 디테일을 챙기는데 장점을 지니고 있기에 촘촘한 전략을 세우는데 두각을 보입니다. ISTJ의 옆에 거시적인 계획, 큰 그림을 볼 수 있는 동료를 함께 붙여준다면 더욱 완결성 있는 모습을 보여줄 거예요.

14

ISTJ는 이전에 없던 새로운 아이디어나 창의적인 방식으로 문제를 해결하기보단 과거의 성공이나 경험을 응용하며 해결책을 도출하는 것에 익숙합니다.

15

ISTJ는 장남, 장녀 같다는 이야기를 많이 들어보았을 가능성이 높습니다. 주변 사람을 워낙 잘 챙기기 때문에 자신이 속한 조직에 안정감을 주는 스타일이에요. ISTJ의 챙김을 받다 보면 큰형, 큰누나 같기도 하고 심지어 부모님 같다는 느낌이 들 때도 있어요.

16

만약 당신의 직장 상사 혹은 선배가 ISTJ 유형이라면 당신이 얻을 수 있는 거의 모든 종류의 도움과 챙김을 받을 수 있을 것입니다. 단, 아무리 친해져도 ISTJ가 정해놓은 '예의 바름'의 선을 넘어서는 안돼요. 친한 것과 경계가 없는 것은 아예 다른 것입니다.

17

조별 과제나 다 같이 힘을 모아 처리해야 하는 프로젝트보다는 혼자 일하는 것을 더 선호합니다. 혼자서 일을 할 때 해야 하는 것이 몇 배로 많다고 해도 말이죠.

18

ISTJ는 원리원칙을 중요시하는 유형입니다. 정해진 규칙과 약속, 질서와 정책, 전통과 같이 모두의 합의가 담겨 세상을 구성하고 있는 것들은 '지켜질 때 비로소 의미가 있는 것'이라 생각하고 있을 가능성이 큽니다. 당연히 약속을 소홀히 여기는 사람을 매우 싫어하고요.

19

ISTJ가 박장대소하는 걸 보는 일은 희귀한 일이에요. 아주 즐거운 상황에도 미소 정도에서 정리되기도 합니다. 다른 사람이 볼 땐 웃음이 많은 편이 아니라고 느낄 수도 있겠네요. 그럼에도 ISTJ 스스로는 자신이 크고 작은 웃음을 많이 느끼며 살아가는 중이라고 생각하고 있을 수 있습니다.

20

가능성을 염두에 둔 추상적인 의견보다는 구체적이고 즉각적이며 실질적인 옵션을 선호하는 경향이 있습니다. 그것이 정말 필요한지, 효과가 있는지 등 실용적인 질문을 펼쳐두고 생각해 보는 데 익숙하기에 조금이라도 모호하다고 느끼면 불편함을 느끼거나 관심이 없을 수 있어요. 효율적인 걸 좋아합니다.

21

ISTJ는 너무 충동적이거나 즉흥으로 결정하는 사람은 부담스럽게 생각합니다. ISTJ 본인이 워낙 진중한 편이고, 예측할 수 있는 상황 안에서 움직이는 걸 좋아하기 때문이지요.

22

ISTJ의 속마음을 파악하는 것은 어려운 일입니다. 다른 사람의 이야기를 잘 들어주면서도 자신의 이야기는 웬만큼 친한 사람이 아니라면 잘 꺼내놓지 않거든요. 당신이 만약 ISTJ의 고민을 듣게 됐다면, ISTJ에게 가장 높은 수준의 친밀도를 가지고 있다고 해석해도 좋습니다.

23

집중력, 인내심이 높고 자신에게 맡겨진 일에 대해 최선의 노력과 책임감을 보이는 것을 중요하게 생각하는 타입입니다. 때문에 자신의 범위 안에 들어온 일에 대해서만큼은 대충 하거나 흘러가도록 내버려두는 법이 없습니다. 스스로 목표를 세우고 나아가는 것도 잘하고요. 다만, 방향을 벗어나거나 급격한 변화의 순간에는 빠르게 대응하는 데 어려움을 겪을 수 있으니, 충분히 생각할 수 있는 시간이 주어지는 걸 선호하는 편입니다.

24

ISTJ와 적당한 수준의 관계성을 지닌 사람들은 ISTJ를 보며 너무 차갑거나 로봇 같다고 느낄 수도 있습니다. ISTJ가 입에 발린 말로 아부를 하거나 듣기 좋은 말로 상황을 대충 덮으려고 하지 않거든요. 생각한 것을 잘 정리한 후 있는 그대로 전달하며 객관적인 태도를 유지하는 편이라 그러한 오해를 불러올 수 있습니다.

25

ISTJ는 선입견이 강하고, 보수적인 성격 유형 중 하나입니다. 그렇기 때문에 전통이 있는 오래된 공동체와 조직을 편안하게 생각합니다. 업무가 규칙적이거나 반복적이어도 지루함을 느끼는 일이 없습니다. 매일 해내야 하는 일도 큰 어려움을 겪지 않고 잘 해내요. 공무원, 회계 관련, 정책 운영, 사무직처럼 양식과 형식이 뚜렷한 업무가 있는 곳에서 두각을 드러내기도 합니다. 정직하고 체계적인 것도 ISTJ 의 특징입니다.

26

삶을 구성하는 루틴이 필요하다고 생각합니다. 그리고 그런 루틴을 스스로 만들어서 그것을 하나씩 지켜나가는 것에서 안정감을 느낍니다. 습관을 만들고 그것을 지키는데 많은 에너지를 쏟는 경향이 있습니다.

27

ISTJ는 자신과 안 맞는 스타일의 사람과도 대체로 잘 지냅니다. 하지만 성향이 다른 사람과 관계를 유지하는 것에는 꽤 큰 피로를 느끼기 때문에 결국 멀어지는 쪽으로 결정 될 가능성이 높습니다. 당신이 만약 ISTJ와 꽤 오랜 기간 친분을 유지하고 있다면 잘 맞는 사람으로 분류됐을 가능성이 높습니다.

28

ISTJ는 빈말을 안 하고, 하는 걸 좋아하지도 않습니다. 만약 ISTJ가 당신을 칭찬하거나, 존경을 표현한다면 진심을 드러낸 것으로 해석해도 좋습니다. 표현 방식이 화려하진 않기에 영혼이 없는 칭찬으로 느껴질 수도 있지만, 투박할지언정 그 문장에는 진심이 가득 담겨있을 것입니다.

ISFP

자세히 살펴보면 발견할 수 있는 24가지 특징

01

ISFP는 '카르페디엠(Carpe diem)'이라는 말에 어울리는 사람입니다. 현재 이 순간에 충실하고, 오늘을 즐기는 일에 집중합니다. 생각을 많이 하고 결정하는 편이지만, 의외로 어느 영역에 있어서는 오늘을 즐기기 위해 꽤 충동적인 의사결정을 하는 경우도 있습니다.

02

생각하는 일에 시간과 에너지를 많이 쏟는 타입입니다. 그렇다 보니 결과를 보여주는 것에 훨씬 더 많은 시간이 필요합니다. 흔히 말해 '예열'에 시간이 많이 필요한 것인데, 성격이급한 사람들은 이런 ISFP를 보며 게으르다고 생각할지도 모르겠네요. 하지만 예열이 오래 걸릴 뿐, 뜨거워신 열로 꽤 멋진 것들을 만들어내기도 해요.

03

첫인상과 친해졌을 때의 차이가 가장 큰 유형 중 하나가 ISFP입니다. 처음엔 차갑고 낯가림이 심하다고 느낄 수 있지만, 친밀도가 높아진 후 ISFP를 가만히 지켜보면 귀엽고 순한 면모를 지녔다는 걸 알게 됩니다. 물론 ISFP가 이런 모습을 아무에게나 보여주진 않습니다.

04

규칙에 얽매이거나 통제를 당하는 등 무언가에 묶이는 형태의 부자연스러움을 극도로 싫어합니다. 그렇다 보니 강요하거나 압박하는 등 고압적인 태도를 지닌 사람은 최대한 가까이하지 않으려고 하고, 심지어 '손절'하는 방향으로 결정하기도 합니다. ISFP가 무언가 고민하고 있다면 스스로 잘 해낼 수 있도록 시간을 주세요. 옆에서 훈수를 놓는다든지 마음대로 방향을 정하여 그대로 따르게 강요하는 등의 영역 침범은 역효과가 날 가능성이 있습니다.

05

집에 있는 것을 상당히 좋아하고, 혼자 있는 시간을 중요하게 생각합니다. 약속이 취소되면 예의상 아쉬워하지만, 혼자만의 시간을 보낼 수 있다는 생각에 속으로는 환호하기도 해요.

06

자신의 장점이나 성과를 자기 입으로 설명하거나 드러내는 편은 아니에요. 당신이 만약 ISFP의 성과를 발견했다면 먼저 나서서 칭찬해 주세요. 그렇지 않으면 ISFP의 노력과 능력은 꽤 오랜 시간 묻혀 발견되지 않을 수도 있습니다. 관심 받는 것을 좋아하면서도 반대로 관심 받는 걸 부담스러워하기도 해요.

07

ISFP 곁에 행동력, 결정력, 추진력이 좋은 친구가 있다면 시너지 효과를 얻을 수 있습니다. ISFP가 한참 고민하고 있거나 머뭇거리고 있을 때 옆에서 힘을 불어넣어 줄 수도 있거든요. 때로는 과감한 결단력이 적당한 선에서 생각을 마무리할 수 있도록 도움을 주기도 하고요. ISFP는 다양한 의견을 펼쳐놓고 선입견 없이 바라볼 줄 알기에 친구와의 대화 속에서 좋은 의견을 도출할 수 있어요.

08

섬세한 감정선을 지닌 편이라 상처를 잘 받기도 해요. 어떤 ISFP는 감정이 앞서서 상황을 너무 예민하게 받아들이기도 합니다.

09

ISFP와 연애를 한다면 편안함과 안정감을 느낄 수 있습니다. 이성 친구의 변덕스러움에도 웬만하면 잘 맞춰주거든요. ISFP의 사랑은 헌신적인 모습일 가능성이 높아요. 표현을 많이 하는 편은 아니어서 잔잔한 연애라고 생각할 수도 있습니다.

10

겸손을 중요한 가치로 여기기에 자기 자신을 과도하게 높이거나 자랑하는 일, 허세를 부리는 일에 관심이 없습니다. 겸

손한 태도는 분명 중요한 미덕입니다. 하지만 훌륭한 성과를 올리거나, 명확히 칭찬을 받아야 할 때도 너무 과도하게 겸손해질 때가 더러 있습니다. 이로 인해 자신의 성과를 있는 그대로 바라보지 못하거나 스스로 평가 절하 하기도 합니다.

11

대체로 자신의 주변 사람들에게 친절하고 정이 많아요. 마음도 금방 열고 잘 받아줍니다. 의심하느라 에너지를 소모하기보단 상대를 이해하려는 것에 에너지를 쏟는 편입니다. ISFP 주변에 다양한 개성을 지닌 친구들이 많은 것도 ISFP 특유의 넓은 이해심과 포용하는 마음이 큰 덕분입니다. 상대방의 의견을 너무 잘 받아주다 보니, 어쩌면 ISFP를 보며 우유부단 하다고 느끼는 사람도 있을 수 있겠네요.

12

예술적으로 표현된 결과물을 보는 걸 좋아합니다. ISFP와 의미 있는 시간을 보내려면 전시회에 함께 가는 것도 좋은 선택이 될 수 있습니다. 아, 새로운 것을 배우는 것도 좋아해요.

13

다정하고 온화한 성품을 지닌 ISFP는 자신을 둘러싼 주변의 관계에 화목함, 부드러움, 편안함을 선사합니다. ISFP 본인도 그러한 분위기에서 더 좋은 능력을 발휘할 수 있거든요. 그런 분위기를 만드는 것은 타인을 배려하는 목적인 동시에 자신을 위한 일이기도 해요.

14

ISFP가 연락이 없다면 집에서 가장 편안한 모습으로 잘 쉬고 있다고 생각해도 좋습니다. 연락에 목숨 거는 타입이 아니거든요. 연락이 오더라도 필요한 수준에서의 대화만 간단히 이루어지고 종료될 때가 있어요. 하지만 의외로 답장에 꽤 공을 들입니다. 대답의 내용이 짧다고 하더라도 어떻게 대답할지 많이 고민하고 보내는 것이니 성의가 없다고 오해하지는 말아주세요.

15

싫은 소리 하는 것도 싫어하고, 불편한 상황을 만드는 것도 싫어합니다. 웬만한 상황에 대해선 다른 사람의 의견을 잘 따라갑니다. 그렇기 때문일까요? 거절하는 걸 유독 어려워하는 ISFP도 있습니다. 이런 ISFP의 경우, 자신이 무언가를 거절하여 분위기가 엉망이 될까 걱정하기도 합니다. 속으로 삭히다가 속병이 나기도 하지요.

16

내향적이면서도 외향적인 특성이 많이 있는 편이라, 주변에서는 ISFP를 보며 당연히 외향형 인간이라고 생각하고 있을 수 있습니다.

17

사람을 사귀는 것도 천천히 이루어지는 만큼, 누군가를 삶에서 지우는 일도 느린 속도로 이루어집니다. 이에 대해 딱히 이유를 설명하지 않기에 손절의 대상이 된 사람은 한참 후에야 ISFP가 자신을 멀리했다는 사실을 깨닫게 됩니다. 하지만 그때는 이미 늦었습니다.

18

만약 당신이 ISFP의 직장 상사 혹은 팀장이라면, 과도한 경쟁 상황을 유도하여 몰아붙이는 일은 멀리해야 합니다. 대신 충분히 생각할 수 있고 다양한 시도를 할 수 있는 편안한 분위기를 만들어 준다면 더 좋은 성과를 기대할 수 있을 것입니다. ISFP는 뭐든 자연스럽고 부드러운 전개가 좋다고 생각하는 편이거든요.

19

겉으로 보이는 이미지와 다르게 고집이 꽤 셉니다. 자신의 영역이 분명한 편이기도 하고요. 자존심도 강하고 개인주의 성향도 강합니다. 부드러운 성격이지만, 자신을 망가뜨리면서까지 행동하지는 않아요. 배려심이 있지만 개인주의적이기도 해서 여러 가지 특성이 모순적으로 엮여있다고 느낄 수도 있겠습니다.

20

순간 집중력과 몰입력이 좋습니다. 조용히 있다가 사람들이 깜짝 놀랄 만큼의 결과물을 내놓기도 해요. 시간을 두고 천천히 내공을 쌓는 스타일이라 오랜 시간이 지난 후에 재평가를 받거나, 인정받기까지 많은 시간이 필요하기도 합니다.

21

갈등 상황에 놓이는 것을 힘들어하기 때문에 애초에 그런 일을 만들지 않기 위해 의식적으로 노력하며 꽤 많은 에너지를 소모하고 있을 가능성이 큽니다. 싫은 소리도 못하는 편이라 불편한 감정들도 자기 안에서 소화하려고 하다 보니 스트레스를 많이 받기도 해요.

22

공감 능력이 좋고 눈치도 빠르고 이해력이 좋아서 어느 조직이든, 어느 사회든 잘 적응합니다. 편견이나 선입견을 가지는 것도 싫어해서 스스로 경계하기도 해요. 다양한 측면을 골고루 바라보려고 의식적으로 애쓰고 있습니다.

23

어떤 ISFP의 경우, 귀차니즘과 게으름으로 어려움을 겪기도 합니다. 귀찮은 게 많고 행동도 느린 편이라 머릿속으로 생각한 것이 결과로 이어지지 않는 경우가 많을 수 있어요. 최대한 마지막 순간까지 미루다가 벼락치기를 하기도 합니다. 하지만 자신이 '이건 반드시 해낸다!'라고 결심한 일에 대해선 어떻게든 해냅니다.

24

ISFP는 화를 잘 내지도 않고, 타인에게 함부로 화풀이를 하는 일도 없습니다. 복수를 하겠다는 마음을 먹기보다는 그 사람을 인생에서 끊어내고 신경 쓰지 않는 쪽으로 결정하게 될 때가 많아요. 불쾌함을 준 사람에게 사용하게 될 자신의 감정을 아깝게 여기는 편이거든요.

ISFJ

자세히 살펴보면 발견할 수 있는 31가지 특징

01

자신의 감정 변화에 민감합니다. 하지만 그것 이상으로 다른 사람의 감정에 더 많은 관심이 있습니다. 공감 능력이 뛰어나서 타인의 슬픔을 자기 일처럼 아파합니다.

02

정리하는 일을 좋아합니다. 정리를 잘하기 위한 '정리 목록'을 정리하는 것도 좋아해요. ISFJ의 정리는 청결하게 청소를 하는 것과는 조금 다릅니다. 있어야 할 자리에 잘 위치하도록 하는 것이지요. 무언가를 시작하기 전엔 어김없이 할 일도, 상황도, 주변도 모두 정리를 한 후에 시작합니다. 과하다 싶을 정도의 '정리 덕후'라고 할 수 있습니다.

03

다른 사람에게 빚을 지거나 신세 지는 것을 광적으로 싫어
합니다.

04

생각보다 보수적이고 고집이 센 편입니다. 정해진 규칙을
어기거나 과격한 것, 틀을 벗어나는 걸 싫어해요. 새로운 변
화보다는 안정적인 것을 좋아하다보니, ISFJ는 자신이 속
한 곳에 안정감을 줍니다. 때로는 일탈을 원하기도 하지만
실제로는 그러질 못해요.

05

ISFJ와 대화할 때는 말투가 중요하다는 사실을 기억하세
요. 다른 사람의 말에 상처를 쉽게 받는 편이기도 하고, 말의
내용보다는 전달하는 톤을 중요하게 여기기 때문에 기분을
상하게 하는 뉘앙스가 느껴지면 무례하다고 생각합니다. 무
례한 말투나 욕설을 사용하는 걸 보게 되면 그 사람은 가까
이하지 말아야겠다고 생각합니다.

06

고정 관념이 강한 유형에 속합니다. 주어진 역할과 위치에는 그에 합당한 태도와 모습이 동반되어야 한다고 생각해요. 그리고 이러한 강한 생각은 타인보다 본인에게 더 강하게 적용할 때가 많습니다. 그래서 타인에겐 관대하고 자기 자신에겐 제법 엄격하지요.

07

다분히 내향적인데, 한편으로는 제법 외향적입니다. 그래서 주변에서 ISFJ를 보며 내향적이라고 생각하지 않는 경우도 종종 있어요. 주목받는 걸 좋아하지만 너무 주목받는 건 부담스러워합니다.

08

ISFJ에게 사람을 만나는 일은 꽤 많은 에너지를 소비하는 일입니다. 그래서 사람이 너무 많이 모이는 것은 힘들어해요. 보통 4명을 초과하는 모임에서는 대화를 주도하거나 말을 많이 하진 않아요. 우선 침묵하며 잘 들어주다가 자신이 하고 싶은 말이 머릿속에서 거의 완벽한 문장 수준으로 정리됐을 때 이야기를 합니다.

09

집에서 쉬고 있는 ISFJ의 모습을 보면, 쉬고 있는 게 맞는지 헷갈릴 수 있습니다. 타인이 보기에는 너무 많은 일을 하고 있거든요. 하지만 ISFJ 입장에서는 그것 역시 쉬는 것입니다. 그들은 쉴 때도 계획에 따라 움직입니다. 그러니 휴식 시간에도 바쁠 수밖에 없지요.

10

주변 사람들은 ISFJ의 일상이 심심하거나 재미없다고 생각할 수 있지만, 정작 자신은 여러 가지 요소를 곁들이면서 인생을 꽤 즐기고 있을 확률이 높습니다.

11

ISFJ는 완벽주의 성향이 강합니다. 자신이 하고 싶은 일이거나 해야 하는 일이라는 생각이 들면, 그것이 끝이 보이지 않는 반복을 요하는 일이어도 잘 참아내고 끝까지 해냅니다. 그 정도로 인내심이 좋아요. 그렇다고 스트레스를 안 받는 것은 아닙니다. 스트레스를 받음에도 불구하고 이를 견뎌내고 해내는 것이지요.

12

ISFJ는 상당히 경험 중심적입니다. 자신이 경험했던 것, 공부해서 아는 것에 대해선 적용과 응용이 빨라요.

13

물욕이 강하거나 허세가 있는 유형은 아닙니다. 항상 '필요한가?' 혹은 '유용한가?'라고 생각하며 의미가 없는 것에는 재정을 사용하지 않는 경향이 강합니다. 만약 ISFJ가 집안의 살림이나 가계를 담당한다면, 알뜰한 모습으로 야무지게 꾸려나가는 모습을 볼 수 있습니다.

14

ISFJ는 누군가에게 인정과 사랑, 응원을 받으면 그것에 대해 충분히 감사함을 느끼며 그 이상으로 돌려주려고 애를 씁니다.

15

ISFJ는 규칙적이고, 모범적이라는 이미지를 지닌 경우가 많습니다. 실제로 그런 성향일 수도 있지만, 그렇게 보여야 한다는 생각으로 인해 그런 모습을 스스로 만든 것일 수도 있어요.

16

ISFJ는 자기 자신에 대한 기준이 높은 편입니다. 하지만 타인에겐 지극히 관대해요.

17

ISFJ는 자신의 감정이 크게 동요할 때 스스로에게 질문을 하며 상황과 감정을 정리합니다. 현재 느끼는 감정이 무엇 때문인지 끝까지 추적한 후, 앞으로 어떻게 할 것인지 오랫동안 생각합니다. 그리고 웬만한 것에 대해선 '그래, 그럴 수도 있지!'하며 덮어둬요. 화를 내는 것보다 이걸 더 편하게 생각합니다. 참고로 감정적으로 꽤 힘든 순간에도 자신에게 맡겨진 일은 잘 해냅니다.

18

자신의 생각을 드러내기보단 속으로 삼키는 일에 익숙해요. 속마음을 숨기고 생각을 묻어 둡니다. 그래서 주변인들은 ISFJ가 어떤 사람인지 잘 모르거나 파악하기 어렵다고 느낄 수 있습니다. 때로는 ISFJ가 솔직하지 않다고 느낄 수도 있습니다.

19

ISFJ는 어른들에게 사랑을 받는 편입니다. 넉살이 좋은 편은 아니지만, 진중하고 예의 바른 성품이라 선호도가 높아요. 하지만 정작 ISFJ는 그러한 어른들의 관심에 부담을 느끼며 힘들어할 수 있어요. 어른들과의 관계에선 훨씬 더 많은 에너지를 사용하기 때문이죠.

20

앞서 말했듯이 ISFJ는 경험 중심적인 유형입니다. 자신이 경험했던 것들을 조합하고, 관련된 생각들을 조립하는데 뛰어난 능력을 지니고 있어요. 다만, 과거의 경험과 기억에 너무 큰 의미를 둔 나머지 새로운 가능성을 탐구하는 일에 누락이 발생할 수 있어요. 만약 당신이 ISFJ의 직장 상사라면 새로운 경험을 할 수 있는 기회를 자연스럽게 만들어주는 게 큰 도움이 될 수 있습니다. ISFJ가 낯선 것을 어려워하지만, 한 번 경험하고 나면 무서울 정도로 흡수하여 그것을 기반으로 성장하기 때문입니다.

21

ISFJ는 말을 상당히 조심스럽게 하는 스타일이에요. 다른 사람의 기분이 상하지 않도록, 상처받지 않도록 하는 것을 중요하게 생각해요. 그래서 싫은 소리도 잘 못하고, 거절을 하는 일에도 어려움을 겪습니다. 욕이나 거짓말도 되도록이면 하지 않습니다. 결과를 담보할 수 없는 것에 대해서 함부로 약속하는 일도 없지요.

22

치밀하다는 인상을 풍길 정도로 꼼꼼합니다. 그렇다보니 ISFJ와 여행을 함께 가면 짐이 항상 많아요. 여러 경우의 수를 고민하고, 필요할 수도 있다는 생각이 드는 물건은 모두 챙깁니다. 심지어 자신이 아니라 친구에게 필요한 것이어도요.

23

ISFJ는 '내 사람'의 범주에 누군가를 쉽게 들여놓지 않습니다. 상처를 잘 받기 때문에 선을 그어놓고 지내요. 포용력이 크고 정이 많은 편이지만 경계심도 많아서 그 선 안에 꽤 신중하게 사람을 들여놓습니다. 그러나 자신의 범주에 들여놓은 사람에겐 최대한의 친절과 헌신, 사랑을 다짐합니다. 표현은 잘 안 해도 마음속으로 응원도 많이 해요. 이러한 ISFJ는 정서적으로 안정된, 가정적인 부모가 될 가능성이 높습니다.

24

집에 있는 것을 상당히 좋아하고, 혼자 있는 시간을 중요하게 생각합니다. 혼자 생각할 시간이 반드시 필요하기 때문이죠. 이를 위해 혼자 보내는 시간을 따로 확보해두는 일을 계획하기도 해요. 저녁 약속이 취소되면 예의상 아쉬워하지만, 속으로는 환호를 외칩니다. 집에 일찍 가서 혼자만의 시간을 보낼 수 있어서요.

25

ISFJ의 사랑 방식은 무모한 모험보단 안정적인 여정에 가깝습니다. 그래서 사랑이 시작되는 순간도 진지하고 신중해요. 만약 당신이 ISFJ와 연애를 하고 있다면, 한곳에 서서 묵묵하게 버티고 서있는 든든함과 안정감을 경험하고 있을 가능성이 높은 것도 그런 이유 때문입니다.

26

자기 자신의 생각과 가치관에 대한 주장이 강하지만 겉으로 잘 드러내지 않습니다. 자신의 의견을 관철시키는 것보단 다른 사람들의 생각과 의견이 어떤지 듣는 것에 관심이 많아요. 다수결에 따라서 자신의 결정을 바꾸는 일에 익숙합니다. 하지만 이렇게 계속 참아내다 보니, 신경성 질병을 얻기도 해요. 상대방에 맞게 자신을 잘 바꾸지만 자신이 중요하다고 생각하는 어느 영역에 있어서는 절대로 타협하지 않습니다.

27

혼자만의 시간을 중요하게 여기는 ISFJ는 그 '시간' 이상으로

'공간'도 매우 중요하게 여깁니다. ISFJ는 재충전을 하는 데 있어 분리된 시간과 물리적인 공간이 필연적으로 확보되어야 한다고 생각하기 때문에 자신의 침실이나 책상 등 시간을 보내는 공간을 꾸미는데 큰 관심을 지니고 있어요. 단순히 예쁘게 꾸미는 게 아니라, 생각을 정리하기에 좋은 형태로 만들고 싶어 합니다.

28

ISFJ는 기본적으로 친절과 배려, 다정함과 부드러움이 몸에 배어 있습니다. 그래서 누군가를 챙기거나 대접하는 일을 잘해요. 하지만 그렇다고 해서 ISFJ가 단순히 착하거나 순한 건 아닙니다. 타인과의 관계나 상황이 불편해지는 걸 극도로 싫어하다 보니, 그렇게 보이게 된 것일 뿐입니다.

29

성실하다는 평가를 자주 받습니다. 실제로도 끈기가 있고, 맡겨진 일을 자신이 할 수 있는 최대한의 노력으로 끝까지 해내기 위해 노력합니다. 매 순간 열심히 하는 타입이기도 하고요. 무엇이든 처음부터 차근차근 풀어내다보니, 어떤 일을 하더라도 전체적인 구조를 파악하기 위해 애쓰거나 목차부터 보는 편입니다.

30

주어진 역할과 의무를 충실히 완수하는 것에 높은 가치를 두고 있습니다. 때로는 이것을 위해 자신이 지닌 에너지보다 자신을 더욱 소모적으로 활용하는 경우도 있어 몸과 마음이 지치는 순간을 자주 겪기도 합니다. 이로 인해 주변에 성실하고 부지런하다는 인상을 주는 경우가 많습니다. 하지만 실제로 부지런하기보다는 원하는 것을 이루어내기 위해 '부지런함'이 필요하기 때문에 그런 태도를 지니기로 선택한 것에 가깝다고 볼 수 있습니다.

31

ISFJ는 모든 사람과 잘 지내려고 상당히 노력하고, 웬만하면 화를 내거나 사람과의 관계를 끊어내지 않습니다. 그러나 한 번 눈 밖에 나면 가차 없이 잘라내요. 하지만 겉으로는 최소한의 관계를 잘 유지하는 편입니다. ISFJ에게 미움을 받거나 손절을 당했다는 건, ISFJ가 상당히 오랜 기간 참아

왔다는 뜻으로 생각하셔도 좋습니다. 게다가 손절 후에는 그 사람에게 미움도, 관심도, 아무것도 주지 않아요. ISFJ는 굉장히 따뜻한 사람이지만, 경우에 따라선 엄청 차가운 사람이 되기도 합니다.

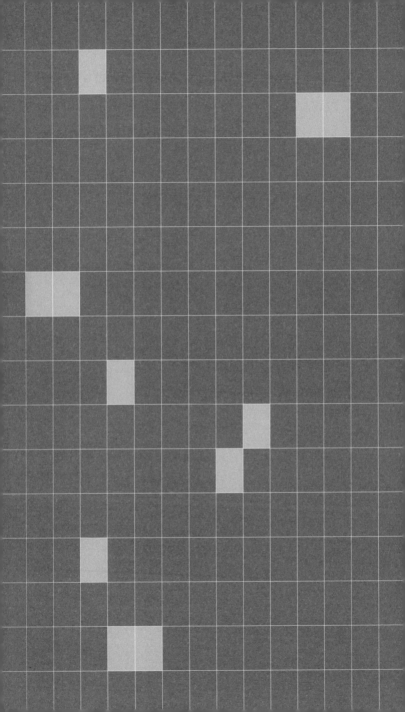

세 번째

M B T I

관
찰

EN

ENTP

자세히 살펴보면 발견할 수 있는 23가지 특징

01

ENTP는 고정관념이 없는 편입니다. 무엇보다 본인이 의식적으로 그런 것을 가지지 않는 게 좋다고 생각하는 스타일이죠. 때문에 마음속에 사람이나 상황에 대해 편견이 생기는 것을 경계합니다. 자유롭고 유연한 사고를 하는 사람이라고 보면 됩니다.

02

경쟁심이 강해요. 몰입력이 워낙 좋아서 승부의 크기에 상관없이 승부욕이 발현됩니다. 실제로 이해력이 뛰어나고 두뇌 회전이 빨라서 승리를 손에 거머쥐는 일에 익숙해요. 그것에서 가장 큰 쾌감을 느끼기도 하고요. 이왕 하는 거 잘하는 게 당연히 좋고, 이기거나 순위에 들면 좋은 일이라고 생각합니다. 무엇을 하든 평균 이상으로 달성해 냅니다.

03

만약 당신이 ENTP의 직장 상사라면 보고서나 결과물의 최종 검토를 맡기는 것도 좋습니다. 문서의 오류나, 구조적인 문제를 찾아내는데 뛰어난 능력을 지니고 있거든요. 자료의 퀄리티와 정확도를 높이고 싶다면 ENTP의 재능이 발휘될 수 있도록 마지막 단계의 일을 맡겨보세요.

04

자신의 생각을 말하는 일에 거침이 없습니다. 전달하는 방식에 훈련이 많이 된 ENTP의 경우 뛰어난 카리스마와 리더십을 발휘하기도 하지만, 그렇지 않은 ENTP는 직설적인 메시지만 전달하며 주변 사람들이 상처를 받거나 오해를 하는 경우도 종종 발생합니다. 가끔 눈치가 없거나 막말을 한다고 느낄 수도 있어요. 생각한 것을 주변에 잘 전달하는 연습만 한다면 정말 매력적이고 뛰어난 스피치를 할 수 있을 겁니다.

05

임기응변에 능하고 효율적인 방법을 잘 찾아냅니다. 시험 전날 벼락치기를 한 것에 비해 성적이 잘 나오는 것을 경험한 ENTP도 더러 있죠. 그들은 단기 목표 달성을 위해 짧은 시간 고도의 집중력을 발휘하는 일을 선호하기도 합니다.

06

좋은 것을 만들기 위해 토론은 필수적으로 발생할 수밖에 없다고 생각합니다. 의견을 주고받는 과정을 즐기기도 해요. 그것이 때로는 조금 거칠더라도 말이죠.

07

ENTP는 자신이 좋아하지 않는 사람에게 아주 조금의 관심도 나누어주지 않습니다. 만약 당신이 ENTP와 시간을 자주 보내고 있다면 그가 당신을 제법 좋아하고 있다고 해석해도 좋습니다. 흥미로운 건 ENTP가 연애를 할 때입니다. 그들은 자신이 정말 좋아하는 사람 앞에선 의외로 뚝딱이거나 말수가 적어져요. 물론, 밀당이나 플러팅도 잘 못합니다.

08

ENTP는 자신이 옳다고 생각하는 것, 자신 안에 정립된 가치관을 가장 최우선으로 생각합니다. 그렇기 때문에 누군가 강압적인 방식으로 무언가를 요구하면 불편하고 답답해 합니다. ENTP에게 '예전부터 계속 그렇게 해왔으니 그렇게 하는 게 맞다!'라고 하는 건 받아들이기 어려운 문장일 수 있어요.

09

자신을 둘러싼 모든 영역에 지대한 관심을 지니고 있어요. 흥미를 느낀 영역을 탐구하는 일에 굉장히 부지런한 편인데, 새로운 것을 만날수록 그 탐구심은 극대화됩니다. 활동 반경이 가장 넓은 유형 중 하나가 아닐까 싶어요. 그 정도로 다양한 시도를 합니다. '해야겠다!'라고 마음먹으면 대체로 '하면 되지 뭐, 해낼 수 있어!'라는 자신감을 가지고 있기도 합니다. ENTP를 표현하는 키워드 중에 하나로 '다재다능'이 항상 언급되는 것도 이러한 기질 때문이지 않을까 싶습니다.

10

반복적인 일상 또는 같은 일을 동일한 방식으로 계속 진행하는 업무를 힘들어해요. 싫증을 쉽게 느끼는 유형이고, 지루하다고 생각하는 순간 극도의 피로감을 느낍니다. 이러한 ENTP의 특성을 모르는 사람들은 '끈기가 없다', '인내심이 부족하다', '게으르다'라고 평가할 수 있지요. 하지만 사실 ENTP는 '이왕 할 거면 제대로 하자', '똑같이 하는 건 심심하니까 재미있게 해보자,' '지름길 없나?'라고 생각하는 쪽에 가깝다고 보면 됩니다. 일을 하면서도 여러 각도에서 다양한 방법을 사용하는 걸 좋아하거든요.

11

ENTP가 '왜?'라고 반복적으로 묻는 것은 시비를 걸거나, 괴롭히려는 게 아니라 그것이 정말 궁금하기 때문에 이유를 물어보는 것입니다. ENTP와 대화를 나누다 보면 어느새 질문과 답변 형태가 되기도 하지요. 하지만 그들은 애초에 관심이 없거나 애정이 없으면 궁금해하지도 않고 질문도 하지 않습니다. 당신과의 대화에서 질문이 많다면 말 그대로 당신에게 관심이 많은 것으로 해석해도 좋습니다.

12

ENTP에겐 '일손이 부족하니 손을 빌려달라'라는 것보다 난도 높은 문제를 해결할 아이디어나 방법을 찾아달라고 하는 게 훨씬 더 효과적일 수 있습니다. 그리고 ENTP는 그걸 생각지도 못한 창의적인 방법으로 풀어내곤 해요. 그 정도로 거침없고, 모험적이에요.

13

신규 사업을 기획하거나, 새로운 프로젝트를 할 때 ENTP 의 특성이 빛을 발하곤 합니다. 새로운 시도를 좋아하고, 머릿속에 '이렇게 하면 되겠다!'라는 생각이 자리 잡으면 그것을 만들어내기 위한 최선의 길을 찾아냅니다. 때로는 이 목표 달성으로의 방법이 제법 리스크를 동반할 때도 있어서 주변에서 자제를 시키기도 합니다. 그 정도로 과감성이 있어요.

14

ENTP의 곁에 부족한 영역을 보완하는 사람들이 있다면 더할 나위 없이 최고의 성과를 낼 가능성이 높습니다. ENTP

기질 특성상 멀리 보고 먼저 빠르게 치고 나가는 경향이 있는데, 때로는 그 추진력 대비 디테일이 떨어질 때가 있거든요. '굉장함'과 '허술함'이 공존하는 것도 이러한 기질 때문입니다. 옆에서 꼼꼼하게 챙겨주거나, 운영에 특화된 사람이 있다면 ENTP의 부족한 뒷심까지 채워질 수 있습니다.

15

새로운 일을 계획하고, 그것의 규모를 키우는데 선수입니다. 활동 범위가 넓어요. 취미가 많고, 다재다능한 것도 이러한 기질 덕분입니다. 관심 분야도 넓고, 그것들을 하나하나 파고드는 것도 좋아하는 편이에요. 다만, 한 가지만 오랫동안 하는 것에는 취약점을 보이기도 합니다. 어느 정도의 시간이 지난 후 ENTP가 무엇을 하고 있나 들여다보면 금방 새로운 일을 하고 있는 걸 발견할 수 있습니다.

16

자신의 생각과 방향성이 명확하고 강합니다. 받아들일 수 없는 방식이라고 생각되는 훈수나 참견을 세상에서 제일 싫어해요. 하지만 자신도 동의할 만한 이야기라면 비판도 굉장히 빠르게 흡수하여 적용합니다. 자신감 있고, 솔직하고, 터프하고, 뒤끝이 없는 것이지요.

17

ENTP가 '그래, 그런 것 같네'하며 대화 주제를 넘겼다면, 그것에 정말 동의하여 받아들였다기보다는 '이 사람과는 이야기할 가치가 없네!'라는 판단을 한 것에 조금 더 가깝습니다.

18

여행 좋아해요. ENTP가 여행을 좋아하는 이유는 다양하겠지만, 그중에서도 예측 불가능한 모험이라는 점에서 가장 높은 점수를 주었을 가능성이 큽니다. 낯선 풍경, 예상치 못한 만남, 궂은 날씨와 위험한 순간까지도 모두 좋아해요. 갑작스러운 상황에도 유연한 태도로 문제를 해결해 내고, 그렇게 순발력 있는 모습을 보인 자신을 스스로 자랑스러워하기도 합니다.

19

낯선 사람들을 한곳에 모아두면, 가장 먼저 적막을 깨고 옆 사람에게 말을 거는 사람은 ENTP일 가능성이 높습니다. 주변의 분위기나 대화를 본인 위주로 주도하거든요. 타인과 교류를 하는 일에 두려움이 없지만, 그건 사회적으로 필요한 수준에서 그런 것입니다. 정서적으로 깊은 관계를 맺는 것에 관심이 있는 것은 아니에요. 인간관계에 있어 감정 소모가 발생하는 부분에 대해선 피로감을 느낄 가능성이 있습니다.

20

지극히 개인주의적이며 독립성이 강합니다. 자신이 좋다고 생각하는 방식대로 행동하거나 판단하는 걸 선호해서 단체 규율이 강한 학교, 군대 등의 생활을 할 때 특히 힘들어했을 가능성이 있어요. 이해할 수 없는 방식을 강요받는다고 생각되면 크게 괴로움을 느낍니다.

21

이해하기 어려운 말과 상황에 대해선 끝까지 싸워서 납득할 수 있는 수준의 설명을 듣는 편이지만, 자신이 이해하고 납득한 내용에 대해선 전적으로 신뢰를 보냅니다.

22

조금 노골적으로 표현하면 다른 사람에게 별로 관심이 없어요. 자기애도 큰 편이라 자기 자신에게 스스로가 인정받는 걸 가장 중요하게 여깁니다. 때문에 타인의 어설픈 평가나 애매한 기준으로 제단 받는 건 싫어해요.

23

관심을 가진 영역에 대해서는 굉장히 깊은 수준의 지식을 보유하고 있습니다. 관심의 범위와 깊이를 보면, 좁고 깊은 편이라고 할 수 있겠습니다. ENTP는 자신이 관심을 가지지 않은 영역에 대해서는 신기할 정도로 아예 모릅니다. 하지만 관심이 없는 영역의 지식이어도 배타적이진 않아요. 처음 만나는 것에 대해서는 얕은 수준이어도 관심과 흥미를 가지기 때문입니다.

ENTJ

자세히 살펴보면 발견할 수 있는 26가지 특징

01

ENTJ는 독립성이 강한 유형 중 하나입니다. 누군가에게 정서적, 심리적으로 과도하게 의존해서 영향을 받기보단 자신이 주변 사람들에게 영향을 끼치는 쪽에 가까워요.

02

ENTJ 마다 차이는 있지만 크든 작든 나름의 리더십을 가지고 있어요. 그게 조직이나 프로젝트일 때도 있고, 지인들과의 모임이나 관계일 때도 있습니다. ENTJ를 보며 타고난 지도자 유형이라고 이야기하는 것도 그런 이유입니다.

03

ENTJ에게 무언가를 맡겨놓으면 항상 대충 하는 법이 없어요. 구조를 잡고, 계획을 세우고, 무엇보다 제대로 합니다. 많은 사람들의 생각이 계획 단계에서 머물지만, ENTJ는 그것을 현실로 이루어내는 것에 관심이 있어요.

04

어려운 상황을 맞이하거나 역경의 한가운데에 있을 때에도 앞으로 나아가는 힘을 지니고 있습니다. 포기하지 않고 한 발짝 더 내딛는 편이며, 자신이 했던 약속을 지키고 그것을 결과로 만들어내고자 노력합니다. 자신감과 통솔력을 지니고 있기에 장점으로 잘 발현된다면 굉장한 리더십을 보이는 것도 ENTJ의 특징입니다.

05

자신의 생각이나 감정을 표현하는 일에 거침이 없습니다. 꽤 솔직한 편이라 ENTJ의 주변 사람들은 그들의 생각이나 속마음을 빠르게 파악할 수 있고, 어떤 의도가 숨겨져 있을지 의심하거나 걱정할 필요가 없습니다. 어떤 ENTJ의 경우 상대방이 어떻게 받아들일지 고려하지 않고 여과 없이 느낀 그대로 표현해서 상처를 주거나 오해가 생기는 경우도 종종 발생할 수 있습니다.

06

타인에게 피해를 받는 것도 싫어하고, 주는 것도 싫어합니다.

07

ENTJ는 자신이 하는 일에 자부심을 느끼는 것을 좋아합니다. 난도가 높은 일을 만나도 스트레스를 받기보단 오히려 그것에 도전하고, 완수해 내는 것에서 카타르시스를 느껴요.

08

좋은 말만 오고 가는 옅은 관계보다는 서로의 생각이 깊은 단계로 나아갈 수 있는, 토론이 가능한 관계를 선호합니다. 자신과 그 정도 수준으로 논리적인 토론을 할 수 있는 사람이라면 앞으로도 의미 있는 대화를 많이 나눌 수 있을 것이라고 생각하기 때문이에요.

09

당신이 ENTJ의 직장 상사라면 조금 더 큰 그림을 보며 설계할 수 있는 기획 업무를 맡기는 것이 좋습니다. ENTJ는 멀리 보고, 큰 꿈을 꾸는 것에 익숙하거든요. 여기에 더해 ENTJ 곁에 꼼꼼하고 디테일을 잘 챙기는 동료가 있다면 둘은 분명 시너지를 낼 수 있을 것입니다.

10

ENTJ는 직장 내에서 유능한 캐릭터로 평가받고 있을 가능성이 큽니다. ENTJ는 조직의 구조를 효율화하고, 계획을 구체화하고, 조직의 목표에 충성하는 분위기를 조성할 가능성이 높습니다.

11

조용히 집돌이, 집순이처럼 시간을 보내기보단 활동적으로 움직이며 다양한 사람과 외부 환경으로부터 건강한 자극을 받는 것을 좋아합니다. 변화를 경험하는 일에 두려움이 없기도 하고요.

12

만약 당신의 직장 상사가 ENTJ라면 과정의 치열함을 어필하는 것보다 최종 단계에서 그를 놀라게 할 정도의 결과물을 보여주는 게 더 좋습니다. 결과가 좋아야 과정도 의미를 지닌다고 생각하고 있을 가능성이 높거든요.

13

사람과의 관계나 감정적인 교류보다는 자신이 담당하거나 해내야 하는 일에 더 무게 중심을 두는 스타일입니다. 손발이 맞는 사람과는 꽤 열정적으로 협업을 하지만, 모든 사람과 좋은 관계를 유지하기 위해 감정적으로 에너지를 소모하는 편은 아니에요. 일을 하기 위해 만난 사람들과는 일을 잘하는 게 제일 중요하다고 생각합니다. 이러한 부분 때문에 때로는 정이 없거나 차갑다는 인상을 받을 수도 있겠네요.

14

ENTJ는 자기관리가 뛰어난 유형 중 하나예요. 자신이 생각한 대로 인생을 끌고 나가는 것에 자신감을 가지고 있고, 실제로 자신의 마음에 자리 잡은 야망을 이루어내는 것에 열정을 불태우곤 합니다.

15

ENTJ는 자신의 범위 안에 들어온 소수의 사람들에게 최선을 다합니다. 당신이 만약 ENTJ와 오랜 시간 꾸준히 교류하는 사이라면 당신이 생각한 것보다 훨씬 더 친한 사이라고 생각해도 좋습니다.

16

데이터를 획득하고, 구조화하고, 조합하여 이전에 없던 것을 만들어내는데 굉장한 두각을 드러냅니다. 사람들의 이야기를 들으며 그것을 단순히 나열식으로 정리하는 게 아니라, 생각의 틀을 짜고 그 안에서 도출해 낼 수 있는 최선의 결과물을 보여주곤 합니다.

17

여러 분야에 관심이 많고, 상상력과 호기심도 많습니다. 특히 자신이 어떤 것을 이루고자 했을 때 그것을 해내기 위해 필요한 지식을 습득하는 일에 부지런해요. 지식에 대한 욕구가 크다고 해석할 수도 있겠습니다. 지적 욕구가 특히 큰 ENTJ의 경우, 주변 사람들로부터 똑똑하고 능력 있다는 평가를 받을 때도 있습니다. 그렇다 보니 환경 반경도 꽤 넓은 편이고요.

18

ENTJ는 완벽주의 성향이 강합니다. 무언가를 완벽하게 해내는 것에 관심이 많은 것도 맞지만, 이왕 하는 거 잘 해내고 싶은 마음이 크기 때문입니다. 자신이 생각한 수준으로 잘 해내려면 완벽할 정도로 해내야 한다고 생각하는 것이지요.

19

오는 사람 안 막고, 가는 사람 안 막아요. 소원해진 관계는 그럴만한 이유가 있다고 생각합니다. 다른 사람의 사적인 영역에 큰 관심이 없는 것도 특징이에요.

20

타인의 감정에 공감하는 것보다 상황과 상대방을 분석하는 것에 익숙합니다. 그러다 보니 자신이 아무렇지 않게 했던 말과 행동에 상처받은 사람들이 있다는 사실에 당혹감을 느끼는 경우도 있습니다. 악의를 가지고 했던 말은 하나도 없었기 때문이죠. 그래서 학습된 공감 능력을 지니고 있을 가능성이 있습니다. 그가 무언가에 공감하는 모습을 보여주었다면, 이는 사회적으로 필요한 수준의 공감 능력을 획득한 것일 수 있어요. 감정과 이성을 분리하여 바라보는 성향으로 인한 것이니, ENTJ의 이야기를 들을 땐 이 부분을 염두에 두는 것이 좋습니다.

21

ENTJ는 패배주의적인 말이나 해보지도 않고 못하겠다고 칭얼대는 말을 싫어해요. 그런 모습들을 보면 한심하다고 생각하거든요. '이걸 왜 못하는 거지?', '왜 이 정도밖에 못하는 거지?', '왜 슬퍼하는 거지?'같은 생각을 하기도 합니다. 지극히 현실적이고, 논리적인 편입니다. 답답한 거 잘 못 보기도 하고요.

22

ENTJ와 관계를 맺을 땐 같은 실수를 여러 번 반복하는 일은 조심해야 합니다. 한 번은 그럴 수 있다고 생각하지만, 그 이후로도 같은 문제가 반복되는 걸 보는 건 매우 싫어합니다.

23

어떤 ENTJ는 모임에서 꽤 적극적으로 대화의 흐름을 주도하기도 합니다. 필요에 따라 자신이 모임을 구성하여 커뮤니티를 만들기도 하고요.

24

ENTJ에게 단순히 반복되는 업무를 맡긴다면 성과가 잘 나오지 않을 수 있습니다. ENTJ는 반복되는 업무보다는 가장 효율적인 방법을 찾는 것을 좋아합니다. 투입된 노력 대비 최대한의 성과를 내는 것에 특화되어 있기 때문이지요. 자원이 한정된 상황에서도 가장 잘 다듬어진 결과물을 만들어 내는 게 ENTJ의 특징입니다.

25

ENTJ의 진짜 힘은 자기 자신에게 동기를 부여하고, 그것을 스스로 달성해 내는 것에서 쾌감을 느낀다는 것에 있습니다.

해낼 수 있는 것을 더 잘하려고, 할 줄 아는 것은 뛰어난 수준으로 해내는 것에 관심을 가지고 있어요. ENTJ가 큰일을 해낼 수 있도록 작은 성공부터 할 수 있게 해주세요. 분명 그것을 기반으로 큰 성공을 만들기 위해 열심을 다할 것입니다.

26

자신이 볼 때, 불합리하거나 비효율을 초래하는 오래된 방식을 강요받는다면 그것에 순응하기보단 왜 해야 하는지, 그것을 그렇게 하는 게 정말 좋은지 질문하는 일에 거침이 없습니다. 어떤 ENTJ는 자신의 고집과 생각이 꽤 뚜렷해서 권위를 앞세운 캐릭터와의 관계에선 종종 트러블이 발생하기도 합니다.

ENFP

자세히 살펴보면 발견할 수 있는 30가지 특징

01

ENFP는 새로운 사람들을 만나는 것을 좋아하고, 상대방의 마음을 금방 엽니다. 경청을 잘 하고, 공감도 잘 해주거든요. 리액션이 정말 좋아요. 당신이 만약 ENFP와 연애 중이라면 '이렇게 내 감정에 관심을 가져준 사람이 있었나?' 싶을 정도로 깊은 이해를 얻고 있을 것입니다.

02

ENFP는 열정적이고, 밝아요. 좋은 에너지가 넘치기 때문에 다양한 가능성을 조우합니다. 개방적이고 쾌활한 만큼, 주변 분위기를 주도하며 높은 텐션을 유지하는 스타일이에요. 물론 때로는 조금 시끄럽다는 이야기를 듣기도 합니다.

ENFP 특유의 열정적인 에너지를 생산적으로 발현할 수만 있다면, 굉장한 결과물을 만들어내기도 합니다.

03

ENFP가 어려워하는 것 중 하나가 바로 '거절'입니다. 누군가가 자신에게 부탁을 한다는 게 얼마나 어려운 일인지 너무나 잘 알고 있기 때문이죠. 상대방의 처지를 깊게 이해해서 웬만하면 거절을 안 해요. 그렇기 때문에 ENFP 본인이 다른 사람에게 도움을 청하거나 부탁하는 걸 조금 어색해하기도 합니다.

04

칭찬받는 것을 정말 좋아해요. 자신의 가치를 알아봐 주는 사람에게 인정받았다고 생각하면 '이것보다 더 큰 기쁨이 있을까?'라는 생각을 하기도 합니다. 자신이 기여한 부분을 발견하고 칭찬해 주는 사람에게는 더 큰 사랑과 인정을 받기 위해 열심히 노력합니다. 그리고 그 모습은 꽤 귀엽게 느껴지기도 해요. 칭찬은 ENFP를 춤추게 합니다.

05

정리를 하거나 치밀하게 계획을 세우기보다는 상황에 따라 처리하는 걸 선호해요. 딱 꽂히는 일이 생기면 무조건 한 번은 해봐야 합니다.

06

ENFP는 구매 계획을 잘 세우지 않다 보니 충동구매를 하기 쉽습니다. 구매할지 말지 고민이 되는 건 고민만 한참 하다가 구매를 안 하는 경우가 많고, 고민할 틈도 없이 시선을 사로잡는 것에 대해선 옆에서 누가 뭐라고 해도 앞뒤 안 가리고 결제합니다. 때로는 예산의 범위보다 무리를 하기도 해요. 돈에 대한 관념이 희미한 ENFP의 경우 통장 잔고가 자주 비어있음을 발견하기도 합니다. ENFP 곁에 경제관념이 투철하거나 재테크 지식이 뛰어난 가족, 친구가 있다면 큰 도움이 될 것입니다.

07

ENFP는 얼굴에 감정과 기분이 잘 드러나는 편입니다. 그 정도로 감수성이 풍부하고 몰입력이 좋아요. 섬세한 감정선을 지니고 있다 보니 눈물이 많습니다. 감정 기복이 심할 때도 있어요. 어느 ENFP는 자신의 감정을 숨기는 일을 너무 못 해서 마음을 표현하기도 전에 주변 사람들이 이미 다 알아버리기도 해요. 그렇다 보니 ENFP 본인은 속마음을 잘 숨겼다고 생각할 때에도 자신이 호감을 느낀 사람과 싫어하는 사람에 대해 티가 많이 나는 편이에요. 그 온도 차이가 상당하거든요.

08

상대방의 마음에 상처를 주는 일을 극도로 싫어하기 때문에 하고 싶은 말을 어떻게 전해야 부드러울지 정말 많이 고민합니다. 종종 자신의 생각을 명료하고 깔끔하게 정리하는 데 어려움을 겪기도 해요.

09

ENFP는 트렌디해요. 멋스럽고 예쁜 아이템을 소유하거나 그것으로 자신을 치장하는 일에 부지런합니다. '멋이 없는 상태'를 받아들이질 못하기 때문에 열심히 꾸며요. 주변인들로부터 '그거 어디서 산거야?'라는 말을 자주 듣는 것도 이러한 기질 때문입니다. 단순히 유행을 따라가거나 다른 사람과 같은 아이템을 사려고 애쓰기보다는 자신의 취향으로 다른 사람을 감화시키는 쪽입니다.

10

만약 당신이 ENFP와 연애 중이라면 '이렇게 작은 일에도 저렇게 크게 감동을 받는다고?'라고 느끼는 경우가 종종 있었을 거예요. 선물의 금액이나 크기와 상관없이 그것을 준비하는 사람의 과정과 마음을 더 크고 중요하게 여기거든요.

11

인내심이 강한 편은 아닙니다. 그래서 묵직하게 앉아서 오랫동안 공부하기보다는 전체적인 흐름을 빠르게 파악하는 것을 잘해요. 직장 생활 중에는 일머리, 직감, 센스가 좋다는 평가를 받기도 합니다. 뭐든 금방 배우거든요. 순간적인 집중력이 좋은 만큼, 벼락치기도 잘합니다. 일을 몰아서 하는 편인데 성과도 잘 내지요.

12

학창 시절의 ENFP는 친구들과 두루두루 잘 지내며 원만한 인간관계를 쌓아왔을 가능성이 있습니다. 친구에게 자신의 것을 내어주는 것도 익숙하고, 상대방의 감정도 소중히 하는 유형이거든요. 게다가 사람과의 관계가 불편한 걸 견디기 힘들어하기도 하고요. 물론, ENFP도 친구들과 다툼이 생기는 경우가 종종 있지요. 하지만 이 경우에도 속상한 마음에 눈물이 먼저 나거나 얼굴이 붉어지는 것부터 경험하곤 해요. 그 정도로 감정에 솔직합니다.

13

상상력이 뛰어나고 창의력이 좋은 만큼 현실적이고 실용적인 선택지 앞에서 갈등을 겪기도 합니다. 머릿속으로는 분명 멋진 아이디어라고 생각하지만, 그것을 현실로 만드는 데에는 큰 노력이 필요하다는 걸 알고 있기에 가능성과 현실성 사이에서 고민할 때가 많아요. 선택지가 많고, 모든 결정에는 나름의 의미가 있다고 생각하다 보니 결정하는데 어려움을 겪을 때도 있습니다.

14

ENFP는 분위기 메이커 포지션에 위치합니다. 실제로 분위기를 잘 띄워요. 모임의 분위기가 어느 정도 궤도에 올랐다는 생각이 들면, 자신의 역할을 잘 해냈다는 생각을 하며 한 발짝 떨어져 지켜보곤 합니다. 지극히 사교적인데 생각보다 독립적입니다.

15

ENFP는 자신을 둘러싼 공간을 자신이 좋아하는 것들로 가득 채워놓는 것을 좋아해요. 덕질에 본격적인 ENFP의 경우, 자신이 좋아하는 캐릭터 피규어나 브랜드의 굿즈, 작품의 포스터 등으로 자신의 방을 가득 채워놓기도 합니다. 그렇다 보니 인테리어에 관심이 많기도 해요.

16

ENFP는 생각이 많습니다. 때로는 생각이 너무 많아서 꼬리의 꼬리를 물기도 해요. 몽상가 스타일이라고 보시면 됩니다. 물론 그 과정에서 창의적인 생각도 자주 튀어나와서 아이디어 뱅크로 통하기도 합니다. 통찰력이 있는 편이에요.

17

ENFP는 화를 잘 안내요. 기본적으로 낙관적입니다. 가끔 화를 내더라도 금방 풀려요. 특히 옆에서 화를 잘 풀어주거나 달래기를 잘하는 사람이 있다면 더 금방 누그러집니다. 그러다 보니 어린아이같이 순수하게 느껴지는 순간도 있어요.

18

ENFP는 새로운 시도를 하는 걸 좋아해요. 어느 ENFP의 경우 게임을 할 땐 승부욕이 강해지기도 합니다.

19

학창 시절의 ENFP는 억지로 시간만 채우며 앉아있거나 단순히 암기만 열심히 해야 하는 과목에는 관심이 없었을 가능성이 높아요. 자신이 이해한 것을 응용하거나 적용하면서 답을 도출하는 방식을 더 재미있어하거든요.

20

타인의 감정에 깊게, 쉽게 연결되다 보니 자신도 모르는 사이 과몰입 할 때가 많습니다. 만약 당신이 ENFP의 친구라면,

정이 많은 친구로 기억하고 있을 가능성이 매우 높아요. 감정적으로 깊은 유대를 맺을 수 있다는 건 굉장한 장점이면서, 동시에 취약한 부분이 될 수 있기에 둘 사이의 균형을 잡는 것이 ENFP에게 매우 중요한 일입니다.

21

ENFP는 눈치가 빠른 편이에요. 자신을 둘러싼 환경이 지금 어떤 분위기인지, 사람들의 생각과 감정은 어떤 변화가 있는지 등 정말 사소한 것도 빠르게 파악합니다. 본인은 눈치가 느린 것처럼 행동하지만 ENFP는 사실 굉장히 눈치가 빠르다는 걸 기억하세요.

22

ENFP는 관심이 있는 이성의 연락에는 정말 빠르게 답장합니다. 상대방의 답장이 오나 안 오나 핸드폰을 엄청 오랫동안 만지작대기도 하고요. 귀찮은 것도 싫어하고 집에서 쉬는 걸 좋아하는 ENFP지만, 자신이 좋아하는 사람과는 이것저것 하고 싶다고 먼저 제안을 하기도 합니다. 사랑에 빠지면 진짜 밑도 끝도 없이 푹 빠지는 게 ENFP의 특징이라 주변 친구들이 걱정할 정도로 퍼주기도 해요. 결정적으로 이성과 함께 있는 ENFP가 횡설수설하기 시작했다면 사랑이 시작된 게 확실하다고 보셔도 좋습니다. 사랑에 빠진 ENFP는 어쩌면 꽤 귀여워 보일지도 모르겠네요.

23

당신이 만약 ENFP의 직장 상사라면 ENFP로 하여금 그 일이 하고 싶어지도록 동기를 부여하는 작업을 먼저 하는 것이 훨씬 더 효과적입니다. 몰입하고 싶게 만드는 작업이 반드시 먼저 선행되어야 해요. 억지로 해야 하는 일에 대해서도 자신의 범위라고 생각하면 분명 열심히 하기는 하지만, 아무래도 하기 싫은 일은 끝까지 해내기는 어려워하는 편이거든요.

24

즉흥적으로 행동하는 걸 좋아합니다. 실제로 임기응변에도 능하고 위기에 대처하는 능력이 뛰어나요. 그렇다 보니 현장에서의 돌발 상황이 자주 발생할 수 있는 행사 등의 진행을 잘 해내기도 합니다.

25

ENFP 만큼 여러 관심사에 동시에 마음을 주는 유형이 또 있을까 싶어요. 마음을 나누어 주는 일에도 익숙하고, 관심의 범위도 넓습니다. 하지만 한정된 크기의 마음을 여러 곳에 골고루 나누어주다 보니 한곳에 집중하거나 깊이 들어가는 것에는 부족한 편이며, 때때로 몰입하는 능력이 부족하다는 평가를 듣기도 합니다.

26

ENFP는 자신이 민폐를 끼치는 것도 싫어하고, 민폐를 끼치는 사람도 싫어합니다. 그렇다 보니 좋아하는 사람과 싫어하는 사람의 구분이 명확합니다.

27

하기 싫은 일을 하는 것이나 반복되는 업무와 일상을 힘들어해요. 사고가 자유로운 만큼, 인생을 즐겁게 살고 싶어 합니다. 하고 싶은 일을 할 때 가장 큰 만족을 느낍니다. 자유를 추구하기에 구속받는 걸 싫어해요. 싫증도 자주 내는 편이라 지루하지 않도록 재미있는 요소를 잘 섞어야 마지막까지 일을 잘 해낼 수 있는 유형이에요. 성과를 내기 위해 크고 작은 퀘스트가 필요하다고도 할 수 있겠네요.

28

사람들 사이에서 매력 있는 캐릭터로 인지되는 사람들 중 ENFP의 비율이 높습니다. 사람들이 ENFP를 좋아해요. 본인도 매력이 있다는 걸 알고 있고, 실제로 매력 있다는 말을 자주 듣기도 합니다. 주변 사람들을 즐겁게 하거나 기쁘게 해주는 일을 좋아하고 그것에 재능도 있어요. ENFP가 유머 감각이 뛰어난 유형 중 하나거든요. 분위기를 부드럽게 만들기 위한 말장난을 좋아하기도 하고요.

29

ENFP는 아싸 중에서는 인싸, 인싸 중에 아싸입니다. 모순적이지만 관심 받는 것을 좋아하기도 하고 싫어하기도 해요. 겉으로는 확실히 인싸인데, 내향적 특성도 잔뜩 가지고 있어서 혼자만의 시간을 보내기 위해 극단적으로 잠수를 타기도 해요. ENFP가 연락이 안 되면 조금만 참고 기다려주세요. 시간이 필요한 상황이라는 의미입니다.

겉으로는 스트레스를 받아도 쉽게 잊고, 아무렇지 않게 흘려보내는 것처럼 보일 수 있습니다. 하지만 ENFP도 불안과 걱정, 초조함을 많이 느끼는 타입입니다. 그것을 다른 사람에게 드러내는 걸 조심하고 있을 뿐이지요. 불안을 드러내지 않는 데 익숙한 게 아니라, 불안을 드러냈을 때 상대방도 함께 힘들어할 것을 너무나도 잘 알고 있기에 티를 내지 않는 것입니다.

ENFJ

자세히 살펴보면 발견할 수 있는 23가지 특징

01

ENFJ와 깊게 교류한 사람은 그들을 따뜻한 사람이라고 생각하고 있을 가능성이 높습니다. 다정하고 참을성이 많고, 책임감이 강한 게 ENFJ의 대표적인 모습이거든요.

02

ENFJ는 '긍정의 아이콘'입니다. 함께 무언가를 하다 보면 특유의 에너지와 힘을 느끼게 돼요. 어렵게 느껴지는 일도 자신만의 돌파력으로 상황을 바꿔내곤 하거든요. 어떻게든 '되는 방향'으로, 이왕이면 '잘 되는 방향'으로 이끌어가는 것에 많은 관심을 두고 있습니다. 적극적인 삶의 태도로 주변에 좋은 에너지를 나누어주는 타입입니다.

03

인싸 중에 ENFJ가 유독 많습니다. 사람과 사람을 연결하고, 자연스럽게 친해질 수 있도록 관계를 이어주는 일도 잘해요. 모임을 만드는 것도 좋아하고, 모임을 이끄는 것도 잘합니다. 어떤 ENFJ는 텐션도 꽤 좋은 편이어서 분위기를 끌어올리는 일을 잘해요.

04

다른 사람의 이야기를 잘 듣는 게 기본 모드여서 경청도 잘하고 리액션도 잘해줍니다. 모든 걸 잘 받아주다 보니 상황에 따라선 맺고 끊는 걸 잘 못하거나 다른 사람의 의견에 휘둘리는 경향을 보일 때도 있습니다. 좋게 보면 생각이 유연하다고 할 수도 있겠어요. 특히 귀가 얇은 ENFJ의 경우 거절을 잘 못하기 때문에 옆에서 객관적인 시선을 가지고 조언해 주는 친구가 있다면 큰 도움을 받을 수 있습니다.

05

많은 사람들에게 사랑받는 캐릭터를 보면 ENFJ 유형인 경우가 많습니다. 주변 사람들에게 편안함을 선사하고 도움을 주는 것에도 적극적인 편이거든요. 공감을 기반으로 좋은 에너지까지 나누어 주니, 모두에게 호감을 얻는 편입니다. 따뜻한 기질을 지니고 있는 만큼 두루두루 좋은 관계를 유지하며 좋은 사람들이 주변에 많이 모이는 편입니다.

06

다른 사람의 말과 평가에 민감한 만큼 눈치를 많이 보기도 하고 눈치가 빠르기도 합니다. 상대방을 배려하는 것에 관심이 많아서 그 사람이 어떤 상황인지, 무엇이 필요한지 한참 고민합니다. 심지어 그 사람의 문제를 자신의 일처럼 나서서 도와주려고 애쓰기도 해요.

07

만약 당신의 직장 상사 유형이 ENFJ라면 단순히 숫자로 보이는 결과보다 일을 진행한 과정에 주목하고 그것의 가치를 알아봐 줄 가능성이 큽니다. 당연히 결과도 중요하다고 생각하고 있지만, 결과가 전부라고 생각하는 스타일은 아니거든요. 그 일을 해낼 때 누구와 어떻게 해냈는지, 그 과정에서 얼마나 조화롭게 팀워크를 이루었는지를 중요하게 생각합니다.

ENFJ

08

ENFJ에게 칭찬과 인정을 보내주세요. 사람들에게 사랑받는 걸 좋아합니다. 주변 사람들이 인정해 주거나 자신이 존경하는 사람에게 칭찬을 받으면 그 이상으로 더 잘해내고 싶어서 안달이 납니다.

09

ENFJ는 혼자 성공하는 것보다 자신이 사랑하는 사람들과 함께 성공하고 싶어 합니다. 그래서 자신의 범위 안에 들어온 사람들에게 최선을 다하고, 최대한의 도움을 주기 위해 정말 노력을 많이 하는 편입니다. 여러 영역에 최선을 다하지만, 자신이 아끼는 사람들에게는 정말 헌신적이에요.

10

성장 스토리의 주인공다운 기질이 있습니다. 현실을 바라보기보단 더 나은 내일, 이상적인 모습을 바라보며 나아가는 편입니다. 때로는 너무 이상적인 거 아니냐는 이야기를 듣기도 합니다.

11

시작 전 계획을 잘 세우는 편입니다. 일을 시작하기 전 항상 메모 애플리케이션, 에버노트, 노션을 켜고 적는 것부터 합니다. 큰 틀에서의 계획을 세우는 것을 잘해요.

12

다른 사람에게 도움을 주는 건 정말 좋아하지만, 다른 사람에게 도움을 받는 것은 조금 어색해 하는 편입니다. 자신 때문에 누군가가 희생하거나 불편해하는 건 본인이 견디길 힘들어해요.

13

모든 사람들과 잘 지내고, 모두에게 사랑받고 싶어 하는 마음을 가지고 있지만 너무 넓은 오지랖 때문에 종종 난처한 상황을 겪기도 합니다. 주변 상황과 사람, 환경에 관심이 워낙 많다 보니 본인이 먼저 나서서 행동하거나 조율하는 일을 자처하기도 하고요. 성격도 좀 급한 편이라 실수가 발생하는 경우도 있으니 말과 행동에 있어 한 템포 쉬어가는 연습이 필요할 수 있습니다.

14

ENFJ는 때에 따라 알맞게 일을 처리하는 것을 잘합니다. 그때그때 상황과 형편에 따라 행동할 줄 알아요. 주변 사람들은 ENFJ를 보며 웬만한 일에는 요란스럽지 않게 행동한다고 생각할 가능성이 큽니다.

15

ENFJ가 화를 내는 모습을 본 사람이 많지는 않을 거예요. 웬만한 일로는 얼굴을 붉히지 않습니다. 화가 나는 순간에도 이리저리 티내며 쏟아내는 스타일은 아니에요. 참아내는 걸 첫 번째 선택지로 지니고 있죠. 힘든 이 순간마저도 혼자 해결해낼 수 있어야 한다고 생각하고 있을 가능성이 커요.

16

만약 당신이 ENFJ의 직장 상사라면 과도하게 경쟁적인 분위기를 형성하거나 치열한 분위기를 만들기보다는 ENFJ가 긴장을 풀 수 있도록 돕는 게 훨씬 더 좋습니다. 그때 더 좋은 성과를 낼 가능성이 높아지거든요. ENFJ는 학습 속도도 빠르고 탐구력도 좋은 편이라 그것을 즐길 때 높은 퍼포

먼스가 나오는 유형입니다.

17

ENFJ는 마음이 약하고 동정심이 강한 타입 중 하나입니다. 유난히 정이 많아서 어려움에 처한 사람에게 모질게 대하질 못해요. 냉정하게 돌아서거나 누군가를 평가해야 하는 상황이 생긴다면 이를 어렵게 느낄 수도 있겠습니다. 감정이 이입되면 쉽게 눈물을 흘리기도 해요. ENFJ가 흘리는 눈물의 의미는 꼭 슬퍼서는 아닙니다. 감동, 공감, 슬픔, 기쁨, 대견함 등 눈물의 카테고리가 다양한 편이에요. 어쩌면 감정 기복이 있는 편이라고 볼 수도 있겠네요.

18

ENFJ는 주변 사람들과의 조화로움을 중요하게 생각합니다. 더불어 본인의 마음도 활짝 잘 열어주곤 하죠. 말도 잘하고 표현력도 워낙 뛰어나서 주변 사람들은 이런 ENFJ를 보며 밝고 건강하다는 인상을 받고 있을 가능성이 큽니다.

19

조별 과제를 한다면 발표는 ENFJ에게 맡기는 것도 좋은 선택입니다. 사람들 앞에서 말을 잘하는 타입이기도 하고, 설득력 있게 이야기를 풀어나가는 편이라 매력적인 스피치 스타일로 좋은 결과를 가져올 가능성이 높기 때문입니다. 신중한 태도와 더불어 공감을 이끌어내는 톤을 지니고 있거든요. 이는 ENFJ가 가진 강력한 무기 중 하나입니다.

20

어떤 말을 할 때 '이렇게 말하면 저 사람이 어떻게 받아들일까?'를 꽤 깊게 생각합니다. 이 부분에 꽤 많은 신경을 쏟기 때문에 부드럽게 말할 줄 아는 유형이기도 해요.

21

ENFJ는 자신이 속한 곳, 자신이 챙겨야 할 이들을 돕는 일에 주저함이 없습니다. 심지어 그 돕고 싶은 대상이 사회, 세상, 세계, 지구가 될 때도 있어요. 더 나은 상황, 모두가 행복한 세상을 만들 수 있다는 생각이 든다면 그것에 적극적으로 기여하고 싶어 합니다. 자신이 가치 있다고 느낀 일에 대해선 최대한으로 헌신합니다.

22

ENFJ와 연애 중이라면 모두에게 다정한 ENFJ의 모습에 묘한 질투심을 느낀 적이 있을 가능성이 있습니다. 연인에게 최우선 순위를 두는 건 분명하지만, ENFJ의 관심과 사랑은 범위가 꽤 넓거든요. 조금 더 정확히 말하면 인류애가 많은 스타일이라고 할 수 있겠습니다. 모두를 사랑하지만, 연인에게만큼은 자신이 할 수 있는 것 이상으로 사랑을 붓는 편이니 그 사랑을 의심할 필요는 없습니다.

23

ENFJ는 자신을 둘러싼 공동체, 조직, 사람들이 자신을 어떻게 받아들이고 있는지에 많은 관심을 가지고 있어요. 타인의 말에 영향을 많이 받기 때문에 자신을 향한 비판이나 날선 말에 상처를 크게 받기도 합니다. 한 번 상처를 받으면 쉽게 아물지 않아서 오랫동안 힘들어하기도 해요. 그 정도로 주변 사람들과 자신의 관계성을 중요하게 생각하고 섬세하게 바라보는 편입니다.

네 번째

M B T I

관

찰

ES

ESTP

자세히 살펴보면 발견할 수 있는 25가지 특징

01

ESTP는 행동파 성향이 짙은 편이라, 어느 때엔 자신의 생각보다 몸이 먼저 움직이는 것을 경험하기도 합니다. ESTP를 오랫동안 가까이에서 살펴본 사람들은 ESTP의 에너지 넘치는 행동과 자유분방한 성향을 보며 자신감 있는 스타일이라고 생각하고 있을 가능성이 있습니다.

02

빠르고 결단력 있는 ESTP의 경우 상황에 유연하게 대응하며 모험적인 결정을 하기도 합니다. 모험은 언제나 위험을 동반하기에 어려움을 직면할 수도 있지만, 그것을 감수하는 것에 두려움이 없습니다. 문제는 해결하면 되고, 상황에 따라 융통성 있는 좋은 선택지를 꺼내면 된다고 생각하고 있을 가능성이 커요.

03

학창 시절의 ESTP는 무언가에 대한 긴 설명을 듣거나 개념적으로 이해를 시키려는 사람에게 지루함을 느꼈을 가능성이 있습니다. 몸으로 부딪치는 일을 더 좋아하는 편이기도 하고, 자신이 직접 경험한 것에 대해서 더 빠르게 습득하는 기질도 가지고 있기 때문이지요. 이론적인 것보단 감각적인 부분에 더 특화되어 있습니다.

04

타인에 대한 편견이나 고정 관념을 가지는 걸 싫어해서 자신을 둘러싼 모든 것들에 대해 꽤 개방적으로 받아들이곤 합니다. 한 마디로 관대해요. 자신 주변의 일과 사람에 대해서 관심이 많기도 하고요. 자신의 마음에 들어오거나 흥미를 느낀 이에게 "너, 내 동료가 돼라!"라고 스스럼없이 먼저 손을 내미는 것도 ESTP의 특징이라고 할 수 있습니다. 실제로 주변에 친구가 많기도 해요.

05

이왕이면 뭐든 분명하고 확실한 게 좋다고 생각합니다. 애매하거나 우유부단하거나 흐지부지한 거 싫어합니다. 답답한 거 잘 못 견뎌요.

06

ESTP는 어디서든 적응을 잘하는 스타일입니다. 변화를 두려워하지 않아요. 어쩌면 겁이 없다고 해석할 수도 있겠습니다.

07

일을 효율적으로 처리하는 것을 잘합니다. 단, 관심 있는 분야 한정입니다. 관심이 없거나 흥미를 느끼지 못한 부분에 대해서는 시작이 잘되지 않거나, 효율의 단계로 나아가지 못하는 경우가 많아요.

08

ESTP는 직관력이 좋은 만큼, 자신이 좋다고 느낀 것을 누리는 방향으로 결정하는 일에 거침이 없습니다. 그렇다 보니 상황에 따라서는 꽤 즉흥적으로 행동하거나 자극성이 높은 일, 스릴과 흥미를 느끼게 하는 쪽으로의 의사 결정을 하게 될 때도 있어요. 어떤 ESTP의 경우 실제로도 승부욕을 자극하는 일에 대해서 관심이 꽤 많은 편이기도 합니다.

09

단순한 업무를 반복하거나 한 가지 일을 계속 해내는 것보다는 여러 가지 일을 동시에 챙기거나 여러 상황을 골고루 살피며 다각도에서 동시에 챙기는 일을 잘하는 스타일입니다. 실제로 멀티 태스킹을 잘하기도 해서 한 번에 한 가지 일을 하는 것보다 동시에 여러 가지를 하는 게 더 좋은 성과를 낼 때도 있어요.

10

과감한 결정력과 승부사적 기질 때문에 난처함을 겪는 경우도 종종 발생하기도 합니다. 내기를 하는 사고방식이 생활화된 ESTP도 있기 때문입니다.

11

ESTP가 어떤 생각을 하고 있는지 주변 사람들은 잘 모를 수도 있습니다. 하지만 ESTP는 자신에게 즐거움을 주는 요소들로 인생을 가득 채워가며 꽤 즐기는 타입입니다.

12

본인이 좋아하는 것에 대해 마음으로 표현하는 것보다 구체적인 행동으로 보여주는 편입니다. 이것은 사람에 대해서도 그렇고 취미나 상황에 대해서도 마찬가지예요. 사람이 좋다면 그 사람에게 적극적으로 애정을 표현하고, 좋아하는 일이 생긴다면 그것을 잘 해낼 수 있도록 부지런히 연습합니다.

13

이론에 닿아있는 영역을 차근차근 학습하는 것보다 자신이 몸으로 부딪치거나 경험으로 얻은 것에 대해 더 높은 가치를 부여하곤 합니다. 무언가를 지식으로써 이해한다기보다는 경험적으로 이해가 될 때 더 쉽게 받아들이는 것도 그 때문이지요. 학창 시절의 ESTP는 매일 자리에 앉아서 무언가를 공부하는 것보다 큰 활동량을 지닌 일에 더 많은 관심이 있었을 수도 있겠습니다.

14

당신이 만약 ESTP를 오랫동안 봐온 친구라면, ESTP를 보며 유쾌하고 개방적이고 유머러스한 사람이라는 인상을 받고 있을 가능성이 있습니다. 실제로도 유머 포인트를 찾아내는 센스가 좋기도 하고요.

15

소년만화의 주인공에게서 자주 관찰할 수 있는 '열혈 캐릭터'들의 성향을 많이 가지고 있습니다. 자신이 옳다고 생각한 일에 대해선 앞뒤 가리지 않고 돌진합니다. 강해지기 위해 무언가를 성취하는 일에 두려움이 없는 것도 특징이지요. 새로운 것을 마주하더라도 깊게 생각하며 머뭇거리기보단 일단 한 번 도전해 보는 일에 익숙해요. 어쩌면 당신이 생각하는 것보다 ESTP는 더 단순할지도 모릅니다.

16

만약 당신이 ESTP의 친구라면, 감정적 스트레스와 고민을 털어놓는 건 별로 도움이 되지 않을 수 있습니다. ESTP는 본인의 경험을 기반으로 이해의 범주 안에 들어와야 그 내용을 소화할 수 있어요. 타인의 감정적인 이야기를 듣는 일에는 큰 피로를 느끼기도 하고요.

17

당신이 만약 ESTP의 직장 상사라면, ESTP가 자유롭게 다양한 시도를 해볼 수 있는 환경을 조성해 주는 것이 훨씬 좋습니다. 일의 범위를 임의로 정해주면 오히려 그것에 미치지 못할 수 있지만, 제한을 하지 않으면 더 넓은 범위에서 예상외의 결과를 보여줄 수 있을 거예요. ESTP가 자신의 모험을 기획할 수 있게 자유로움을 선사하세요.

18

노는 거 좋아해요. 관심 받는 것도 은근히 좋아합니다. 아니, 어떤 때에는 오히려 관심을 받기 위해 이것저것 계획을 하기도 해요. ESTP마다 다르지만 무대 체질인 경우가 많은 것도 그런 이유에서입니다.

19

무언가를 빠르게 파악합니다. ESTP의 일 처리 방식을 보며 계산적이라고 느낄 수도 있습니다. 그러나 그들은 실용적이고 현실적인 스타일이라 핵심을 관통하는 분석도 꽤 빠르게 해내곤 합니다.

20

누군가 정해놓은 기준을 따라 살아가는 것보단 자신이 옳다고 생각한 것, 자신이 정해놓은 기준선, 자신의 가치관에 따라 생각하고 움직이는 걸 선호합니다.

21

ESTP는 오늘을 중요시하고 지금 이 순간에 누릴 수 있는 것에 많은 관심을 가지고 있습니다. ESTP는 인생이라는 게 즐겁지 않으면 의미가 없다고 생각하고 있을 거예요. 그래서 노는 것도 좋아하고, 즐길 거리를 찾아다니는 일에 익숙합니다.

22

관계 유지를 목적으로 연락을 꾸준히 하는 일에는 관심이 없습니다. 만나면 만나는 대로, 멀어지면 멀어지는 대로 두곤 해요. 자유로운 걸 좋아하는 개방적인 성격이 인간관계에도 적용되는 부분입니다.

23

행동력이 좋은 ESTP의 기질과 모순되는 부분이지만, 할 일을 끝까지 미루다가 급하게 움직이거나 억지로 해내는 경향을 보이기도 합니다. 마지막에 스퍼트를 하는 방식의 일처리 스타일을 지니고 있어서 마감 기한에 아슬아슬하게 무언가를 제출하는 경험이 익숙할 수도 있어요. 조금 급하게 마무리한 느낌인데도 결과물의 퀄리티가 생각보다 괜찮아서 본인도 놀라고 주변 사람들도 놀라는 일이 종종 있습니다.

24

ESTP는 관찰력과 순발력이 좋은 편에 속해요. 현실 감각이 뛰어나서 빠르게 판단하고 대처해야 하는 일에 강점을 보이기도 합니다. 가지고 있는 자원과 사람들을 빠르게 연결하고,

필요에 따라 적절하게 타협할 줄 아는 것도 ESTP의 큰 특징입니다. 한 마디로 융통성이 있어요.

25

ESTP는 무언가를 느낀 그대로 자연스럽게 표현하는 일에 익숙합니다. 이런 솔직한 모습 덕분에 친구를 쉽게 사귀기도 해요. 반면 자신의 생각이나 의견을 조리 있게 전달하는 데에는 비교적 서투르다 보니 주변 사람들에게 스트레스와 상처를 주는 경우도 있습니다.

ESTJ

자세히 살펴보면 발견할 수 있는 23가지 특징

01

주변에 '계획의 아이콘'이라고 불리는 친구들이 있다면 ESTJ일 가능성이 높습니다. 계획 세우는 걸 좋아하고, 계획이 어긋나거나 궤도를 이탈하는 걸 싫어해요. 친한 친구들 그룹 안에 ESTJ가 있다면, 여행에 필요한 예약 관련 영역의 담당을 맡겨보세요. 누구보다 말끔한 예약 현황을 선보일 것입니다.

02

어영부영 흘러가는 분위기를 따라 시간이 낭비되는 걸 견디기 힘들어합니다. 목표를 세우고, 그것을 달성하기 위한 계획을 세우고, 해야 할 일들을 추진력 있게 끌고 나가서 마침내 목적을 이루어내는 유형이 ESTJ입니다.

03

ESTJ는 호불호가 매우 명확합니다. 좋다고 생각한 것에 대해선 최대한의 사랑을, 싫다고 느낀 것에 대해선 확실하게 싫음을 표현합니다.

04

돌려 말하지 않아요. 빈말도 잘 안 합니다. 뭐든 솔직한 게 좋다고 생각해서 자신의 의견도 솔직하게 꺼내 놓으며 소신 발언도 자주 하는 편이에요. 하고 싶은 말, 전달하고 싶은 생각이 있다면 상대방에게 직관적이고 명료하게 전달하는 게 서로의 시간을 낭비하지 않고 좋은 일이라고 생각합니다.

05

할 일이 많은 것보다 아무런 일도 하지 않고 가만히 있는 걸 훨씬 더 괴로워합니다. 만약 ESTJ를 괴롭게 하고 싶다면 '아무것도 하지 않는 여유로움'을 제공하세요. 그러면 곧장 불안해하고 피곤해하는 ESTJ를 관찰하게 될 수도 있습니다.

그 정도로 시간을 촘촘히 목적성 있게 사용하는 걸 좋아하는 스타일이에요.

06

ESTJ와 대화를 나누면 차근차근 잘 들어준다는 인상을 받을 수 있어요. 하지만 대화가 진행되는 와중에도 ESTJ는 머릿속으로 대화의 맥락을 구조적으로 펼쳐 정리하곤 합니다. 때로는 의견의 정리와 전달을 너무 논리적으로 명확히 하다 보니 과도하게 직설적으로 표현한다는 인상을 받게 될 수도 있습니다.

07

ESTJ는 불확실하고 모호한 희망 섞인 말보다 현 상황을 제대로 직시하고 진단할 수 있는 명확한 문장과 표현을 좋아합니다. 뭐든 확실한 게 좋다고 생각해요.

08

ESTJ는 자신이 조직의 리더가 되겠다고 손을 들거나 야망을 대놓고 표현하는 걸 선호하지 않습니다. 하지만 자신의 의지와는 다르게 반장, 회장, 팀장, 실장 등의 직책으로 조직의 리더 역할을 소화한 적이 있을 가능성이 큽니다. 게다가 조직 관리, 프로젝트 관리 등 맡겨진 일에 대해 기대 이상으로 잘 해내곤 해요.

09

정리하는 일을 좋아합니다. 책상 정리, 방 정리는 기본이고 자신이 생각하기에 '이것은 여기에 있어야 해!'라고 결정한 것은 언제든, 항상 그곳에 있어야 합니다.

10

ESTJ가 어떤 일을 계획한다면, 그것을 완수한 자신의 모습까지 이미 머릿속으로 그려진 상태일 경우가 많습니다. 일의 시작부터 끝까지 머릿속에 윤곽이 잡혀야 시작할 수 있는 타입입니다. 그래야 더 선명한 계획을 세우고 달성할 수 있기 때문이죠. 해야 하는 일이라고 스스로 정의한 것에 대해서 성실하게 임하며 최대한 노력합니다.

11

상황과 환경에 알맞은 행동과 태도, 언어를 갖추는 걸 중요하게 생각합니다. 관계의 밀도에 맞는 언어적 예의, 상황에 맞는 태도와 옷차림 같은 것들 말이죠.

12

일을 똑 부러지게 잘한다는 평가와 칭찬을 받아보았을 가능성이 큽니다. 자신이 그렇게 평가받는 것을 좋아하고, 일을 잘하는 사람과 파트너십을 이뤄 일을 하는 것도 좋아해요. 게다가 한번 시작한 일은 자신의 기준에서 최선의 결과로 만들어내야 한다는 강박도 있습니다.

13

ESTJ 본인이 일을 워낙 체계적으로 잘 해내다 보니, 일을 못하는 사람을 가르치거나 고쳐 쓰는 것보다는 그냥 본인이 빨리 처리해버리는 게 더 효율적이라고 느낄 때가 많습니다. 그래서 때로는 혼자서 두 배, 세 배 업무량을 처리해버리기도 해요.

14

현실적이고 실용적인 조언이 필요하다면 ESTJ를 찾아가세요. 그들은 감정적 공감보다는 실질적인 답을 찾아주는 걸 좋아하거든죠. ESTJ는 상담을 통해 삶에 곧바로 적용할 수 있는 깔끔하고 명확한 해결책을 도출하는 능력이 있어요. 그들과 얘기를 하다 보면 분명히 도움을 받을 수 있습니다.

15

ESTJ는 사람이 많은 곳에 가거나 많은 사람과 교류하며 시간을 보내는 것보다 자신을 개발하는 방향으로 무언가를 배우는 것에 시간을 사용하는 걸 더 선호할 가능성이 큽니다.

16

분위기에 휩쓸리거나 듣기 좋은 말에 현혹되는 스타일이 아닙니다. ESTJ의 마음을 얻으려면 극적인 상황이나 이벤트를 통해 감동을 만들기보다는 그들의 지적인 영역에 자극을 줄 수 있는 강한 깨달음이나 이해를 제공하는 게 훨씬 더 효과적입니다.

17

약속을 어기는 사람을 정말 싫어합니다. 약속을 어기는 것뿐만 아니라, 약속을 취소하거나 사전에 양해를 구하지 않고 임박하여 갑자기 변경하는 것도 싫어해요. 약속은 지켜져야 의미가 있는 것이라고 생각하기 때문에 상황에 따라 바뀌는 요소들은 ESTJ에게 큰 스트레스를 줍니다.

18

계획과 분석, 설계를 잘하고 생각을 객관적으로 조리 있게 잘 표현하는 편이라 자신의 의견이나 생각을 상대방에게 잘 전달합니다. 어떤 ESTJ들은 말을 정말 잘한다는 평가를 받기도 합니다. 평화주의적 성향이 있어서 함부로 언성을 높이거나 싸움을 하지는 않지만, 말다툼에서 지는 것도 싫어하고 그럴 일도 거의 없습니다.

19

보수적인 성향이 강한 유형에 속합니다. 시대에 따라 정해진 관습과 규칙, 위계질서와 전통을 중요하게 생각해요. 임의로 틀을 깨거나 기존의 것을 무시하는 태도를 본다면 불편함을 느낍니다. 무책임하다고 생각해요.

20

ESTJ는 경험주의적이고 생각의 구조가 명확하기 때문에 창의력이 뛰어난 편은 아닐 수 있습니다. 절차에 따라 필요한 것들을 차근차근 반드시 완수해 내는 일을 더 잘할 가능성이 커요. 전략, 행정, 서류, 정책 업무를 할 때 가장 빛을 발합니다. 구조적으로 정리하는 일을 잘하다 보니, 암기 능력이 유독 뛰어난 ESTJ도 있습니다.

21

워커홀릭 중에 ESTJ가 많습니다. 일을 잘하기도 하고, 본인도 성과를 내며 인정받는 걸 좋아하기 때문입니다. 그들은 성과와 결과, 그것을 통한 주변의 인정을 통해 만족을 느낍니다. 과정보단 결과 지향적인 성향이 있다고 볼 수 있겠습니다.

22

ESTJ는 구체적으로 정리하고, 현실적으로 조정하며, 흩날

리는 아이디어를 실현 가능한 수준으로 만들어낼 줄 압니다. 현실 감각이 뛰어나고 주어진 자원들을 가장 효율적으로 조직화시켜요. 무엇이든 실용적인 게 좋다고 생각하고 있을 가능성이 높습니다.

23

ESTJ는 정해진 규칙과 규범을 지켜내는 걸 중요하게 여깁니다. 때문에 어느 부분에 있어서는 꽤 고집이 있거나 질서 있는 형태로 유지하는데 많은 에너지를 소모합니다. 원리원칙을 중요하게 생각하고, 갑자기 자신의 영역을 침범하거나 방해하는 걸 매우 싫어해요.

ESFP

자세히 살펴보면 발견할 수 있는 23가지 특징

01

ESFP는 규율이 명확한 조직 생활보다는 어느 정도 자율성이 보장된 곳에서 더 좋은 성과를 낼 가능성이 높습니다. 창의적인 방법을 많이 시도해 볼 수 있는 환경이 좋다 보니, 대기업보다는 스타트업 문화가 있는 곳에서 두각을 드러낼 가능성이 있겠습니다. ESFP는 새로운 시도를 하는 것에 거리낌이 없거든요.

02

ESFP가 자유로운 성향을 보인다고 해서 일을 대충 하거나 자신이 담당한 일에 대해서도 가벼운 태도로 임한다고 생각하면 큰 오산이에요. 자신의 영역이라고 생각한 것에 대해선 놀라울 정도의 책임감을 가지고 있거든요.

03

새로운 영역에 대한 탐구심이 강한 편입니다. 특히 패션에 관심이 많기도 하고요. 스타일리쉬한 것, 잘 꾸며진 것을 좋아합니다. 남들에게 보이는 모습을 신경 쓰기 때문에 자신의 기준에서 최대한 멋지게 꾸며놓고 지내는 걸 좋아해요.

04

겉으로는 강하게 보이지만 속은 부드러운 특징을 지니고 있습니다. 한 마디로 '내유외강'이라고 할 수 있죠. 겉으로 보이는 모습과 내면의 부드러움의 격차가 제법 큰 편이에요.

05

ESFP는 '심플의 아이콘'입니다. 스트레스를 심하게 받거나 고민이 많은 날에도 잘 먹고 잘 자요. '어떻게든 되겠지, 뭐!'라고 생각하며 고민의 중간 즈음에서도 금방 잠이 들 정도로 대수롭지 않게 여깁니다. 간단히 요약하면 '어차피 내일은 내일의 태양이 뜬다!' 마인드라고 볼 수도 있겠네요.

심각한 상황이거나 어려운 환경에 처하더라도 여유로운 태도를 유지합니다.

06

ESFP 본인도 할 일을 미리미리 처리해 두면 좋다고 생각은 하지만, 대체로 마감 시간에 임박하여 일을 처리하거나 발등에 불이 떨어져 촉박함을 느끼는 순간이 되어서야 움직이곤 합니다. 회사일 뿐만 아니라 빨래나 청소 같은 집안일에 대해서도 말이죠.

07

기분이 좋을 때는 콧노래를 부르며 흥얼거리거나 즐거움을 대놓고 표현하기도 합니다. 활동 반경이 넓은 ESFP는 어쩌면 이 세상을 자신이 활동해야 하는 무대 정도로 생각하고 있는지도 모르겠어요.

08

고민이 있을 땐 ESFP를 찾아가세요. 함부로 충고하거나 조언하기보단 어떤 어려움을 겪고 있는지 잘 들어줄 것입니다.

아, 물론 당신의 고민이 ESFP를 화나게 했다면 당신보다 더 흥분할 가능성이 있습니다. 직설적이고 동작도 크고 목소리도 큰 편이라 자신의 일처럼 흥분하는 ESFP를 보며 든든함을 느낄 수도 있겠네요.

09

ESFP는 본인의 이야기를 잘 꺼내놓지 않는 편입니다. ESFP와 분명 오랜 시간 많은 대화를 나누었음에도 돌이켜 보면 ESFP의 속마음과 고민을 듣지는 못했을 가능성이 있어요. 속 얘기를 남에게 잘 안 하거든요.

10

개성을 중요시하고 트렌드에 관심이 많습니다. 유행하는 제품이나 요즘 사람들이 관심을 가지는 이야기도 찾아다니며 열심히 귀 기울이죠. 지루하고 틀에 박힌 것을 싫어하는 편이라, '원래 그래!'라는 문장에 동의하지 않습니다.

11

기억력이 안 좋은 것인지, 다른 사람들이 중요하다고 생각하는 것들을 정작 ESFP는 의외로 쉽게 잊어버리곤 합니다. 주변에 꼼꼼하거나 메모를 잘하는 사람이 있다면 ESFP가 의지하고 있을 가능성이 있어요.

12

ESFP는 혼자 있는 시간보단 사람들 사이에서 관계를 맺고 소통하는 과정에서 에너지를 더 얻는 편이에요. 한 마디로 분위기 메이커입니다. ESFP를 괴롭게 하려면 외출하지 못하게 집 안에 가두어 두세요. 무기력함의 끝을 보게 될 수도 있습니다. ESFP의 쉬는 날은 외부 일정이 잡혀 있는 경우가 많거든요.

13

왜 그러는지 모르겠지만 의외로 ESFP 곁에 내향인이 많습니다. 내향적인 사람들이 ESFP와 어울리는 것을 좋아하거나, ESFP가 내향인과 함께하는 것을 좋아하거나 둘 중 하나겠지요.

14

ESFP는 정이 많고 타인에게 너그럽습니다. 물론, 자기 자신에게도 너그러워요.

15

ESFP의 사랑은 그야말로 직진입니다. 사랑을 인생의 중요한 가치로 여기고 있기에, 사랑의 감정을 느끼면 그것을 표현하는 일에도 부지런한 편이에요. 마음을 숨기지도 않고, 밀당도 안 합니다. 연애가 시작되면, 연인의 장점과 사랑스러운 모습을 찾아내면서까지 사랑을 합니다. 만약 당신이 ESFP와 연애 중이라면, 구체적이고 열정적인 사랑을 경험하고 있겠네요. 연인으로서는 사랑꾼, 부모로서는 딸 바보, 아들 바보가 될 가능성이 매우 높습니다.

16

틀에 박히거나 뻔한 것을 싫어해요. 선물을 해도 확실히 다르게, 이벤트를 해도 상대방이 제대로 놀랄 수 있는 방식을 선호합니다. ESFP가 서프라이즈 방식을 좋아하는 이유는 그 사람이 기뻐하는 모습을 보며 즐거움을 느끼기 때문입니다.

17

ESFP는 자신의 고민이나 속 깊은 이야기는 잘 꺼내놓지 않지만, 일차원적이고 가벼운 정보는 이것저것 먼저 이야기하곤 합니다. 대화를 나누다 보면, ESFP의 'TMI(Too Much Information)'를 많이 알고 있다는 걸 깨닫게 됩니다.

18

ESFP와 함께 여행을 가보면 알겠지만, 촘촘하게 계획된 여행을 즐기거나 정해진 루트를 따라가는 방식이 아닙니다. 제법 충동적이고, 상당히 무계획적이지요. 그리고 그게 더 재미있다고 생각합니다. 어떤 ESFP는 소비에 있어서도 꽤 충동적인 모습을 보이기도 해서 이것저것 많은 것을 구매하고 있을 가능성이 있습니다.

19

ESFP를 옆에서 지켜보면 넉살이 좋고 붙임성이 좋다는 인상을 받을 수 있습니다. 인사성도 밝고 에너지가 넘쳐서 어른들의 귀여움을 한 몸에 받는 유형이기도 해요.

20

모든 ESFP가 그렇다고 하긴 어려운데, 어떤 ESFP는 말을 유창하게 잘하고 그것에 비례하여 말의 양도 많습니다. 자신이 하고 싶은 말을 전달하기 전에 핵심이 아닌 주변부 이야기부터 시작하기도 하지요. 그 결과 한 줄로 요약하면 간단해질 얘기가 전체적으로 부피가 커지는 경우가 있어요.

21

ESFP는 표정에 자신의 마음과 생각이 쉽게 드러나는 편입니다. 좋아하는 사람과 싫어하는 사람을 표정과 말투, 태도를 보고 곧바로 알 수 있기도 해요. 자신을 꽁꽁 숨기기보단 솔직하고 자유롭게 표현하는 스타일입니다. ESFP는 '뭐든 솔직하고 명확한 게 좋다!'라고 생각하고 있을 가능성이 커요.

22

ESFP와 이야기를 나누다 보면, 대화의 주제가 점차 넓어지는 것을 발견할 수 있습니다. 의식의 흐름이 빠르고 강한 편이라 중심을 잡아주는 굵직한 대화 주제가 없다면 금세 용건과 멀어진 영역의 주제로 이야기를 나누게 될 가능성이 있습니다. ESFP와의 대화는 항상 다채로운 느낌이지만, 목적성 있는 대화가 필요한 상황이라면 흐름을 잘 잡아야 합니다.

23

'지금 이 순간, 여기 우리, 오늘의 나'를 중요하게 여깁니다. ESFP는 삶을 긍정하고 즐길 줄 아는 유형이라서 걱정도 빠르게 덮어두고, 스트레스도 얼른 흘려보냅니다. 시간은 자신의 편이고, 좋은 상황은 반드시 찾아온다고 생각해요.

ESFJ

자세히 살펴보면 발견할 수 있는 25가지 특징

01

ESFJ 중에는 종종 리액션이 굉장히 좋은 사람도 존재합니다. 그래서 ESFJ와 대화하는 걸 즐거워하는 사람이 많아요. 별거 아닌 얘기에도 최선을 다해 반응해 주거든요. 리액션이 워낙 좋다 보니 주변에 ESFJ를 볼 때 '사람이 밝다', '잘 웃는다', '재미있는 사람이다', '흥이 많다'와 같은 인상을 줄 가능성이 많습니다.

02

ESFJ는 다른 사람의 입장이 되어 생각해 보는 일에 익숙합니다. 어떠한 상황이 주어지면 자신의 처지를 생각하는 것보다 상대방의 입장을 먼저 생각하기도 해요. 그렇다 보니 사람들 사이에서 갈등이 발생했을 때 중재하는 일도 잘 해냅니다. 관계의 중심에서 누군가 균형을 잡아준다면 그 사람은 ESFJ 유형일 가능성이 커요.

03

겉으로 밝고 긍정적인 에너지를 발산하는 반면, 내면적으로는 감정의 기복을 겪기도 해요. 그것을 밖으로 표출하지 않기 위해 의식적으로 애를 쓰기도 합니다.

04

ESFJ가 가장 싫어하는 유형은 융통성과 사회성, 그리고 예의가 없는 사람입니다. 자신에게 무례한 것뿐만 아니라, 다른 사람을 대하는 태도가 무례한 것을 정말 싫어해요. 하지만 겉으로는 아무 내색 없이 예의 없는 사람과도 잘 지냅니다. 누군가를 '싫은 사람'으로 분류하더라도 사회적으로 필요한 수준으로는 관계를 잘 유지합니다.

05

지극히 현실적이고 적당한 수준의 완벽주의 기질을 가지고 있다 보니, '전반적으로 밸런스가 좋다'라는 판단이 드는 사람(혹은 이성)에게 호감을 느낄 가능성이 높습니다. 관계의 시작부터 불같이 타오르기보다는 꽤 오랜 시간 탐색전을 펼치다가 마침내 '좋은 사람'이라는 판단이 들어야 마음을 열거든요. 그리고 한 번 마음을 주기 시작하면 자신의 모든 것을 다해 사랑을 합니다. 사랑도 대충 하지 않고 열심히 해요.

06

사회적인 규범이나 원칙, 약속, 법과 절차에 대해 엄격한 기준을 지니고 있기에 그것을 잘 지키는 것에 높은 가치를 두며 살아갑니다. 이러한 엄격한 기준을 타인뿐만 아니라 자기 자신에게도 동일하게 부여하는 편이죠. 자신이 기대하는 수준으로 행동하고, 자신을 둘러싼 주변의 모습도 그래야 한다고 생각합니다.

07

ESFJ는 자신의 목적이나 개인의 이익보다는 조직이 필요로 하는 것, 자신이 속한 집단이 목표로 하는 것을 달성하는 것에 관심이 있습니다. 제가 회사의 대표라면 ESFJ 유형의 캐릭터에게 팀을 맡기고 싶을 것 같아요. 긍정적이고 밝은 데 사람들과도 잘 지내고, 공동의 목표를 달성하는 일을 자기 일처럼 여기고 최선을 다하거든요.

08

만약 ESFJ가 당신에게 만나자는 이야기를 먼저 꺼낸다면, 최근 그에게 힘든 일이 많이 있었거나 지금 꽤 큰 스트레스를 받는 상황일 수 있어요. 힘들 때 사람을 만나 교류하는 과정에서 힘을 얻곤 하거든요.

09

겉으로 보이는 ESFJ의 흥 넘치는 모습과 다르게 '어? 이 사람이 이렇게 진지한 방식으로 생각하는 사람이었나?'라고 느껴지는 순간이 종종 있습니다.

10

계획을 잘 세우고, 잘 짜인 계획을 보는 것도 좋아합니다. 게다가 그 계획의 밀도도 꽤 높은 편이라, 혹시 모를 상황을 대비한 플랜 B까지 세워두죠. 그리고 최대한 계획된 범위 안에서 움직일 수 있도록 통제성을 유지하곤 해요. 자신의 계획대로 하나씩 해결하고, 그렇게 목적한 바를 달성해 나가는 과정에서 안정감을 느끼곤 합니다.

11

워낙 낙천적인 성향이 강해서 어디서든 적응을 잘합니다. 긍정적이기도 하고요. 일대일로 만나는 것보다는 모임을 선호하는 편입니다. '사람'과 있는 것보다는 '사람들'과 있는 걸 좋아해요. 누가 부탁하거나 시킨 것도 아닌데 자세히 보면 어느새 모임의 중심에서 조장을 하거나 리더가 되어 있는 ESFJ를 발견하기도 해요. 하지만 단순히 말이 많거나 수다스럽다는 건 아닙니다. 사교적인 스타일일 뿐이지요.

12

ESFJ는 솔직해요. 되도록 거짓말을 하지 않습니다. 게다가 정도 많고 눈물도 많아요. 사람을 좋아하고 웬만해서는 관계를 끊어내지도 않습니다. 좋은 게 좋은 것이라고 생각하며 살아가기 때문에 웬만한 것에 대해선 거절도 잘 안 하고 받아줍니다.

13

누군가 ESFJ에게 너무 비현실적이거나 이상주의적인 이야기를 한다면, ESFJ는 '이 사람은 나랑 잘 맞지 않는 것 같아'라고 속으로 생각합니다. 그럼에도 리액션은 잘 해줘요. 다만 ESFJ에겐 실현 가능성이 낮은 이야기는 와닿지 않을 뿐이죠. 되도록 그들에겐 현실적으로 실행 가능하고 달성할 수 있는 수준의 이야기로 대화를 풀어나가는 걸 추천합니다.

14

ESFJ는 다른 사람을 챙기는 일을 잘하고, 조화로운 관계를 유지하는 일에 많은 관심을 가지고 있습니다. 사람들과 사이좋게 지내는 걸 중요한 가치로 여겨요. 워낙 기본 기질이 친절해서 여러 사람과 두루두루 잘 지내요. 주변에 친구들도 많고요. 예절이 무엇인지 알고, 예의가 바르기 때문에 어른들의 사랑을 받고 사회생활도 잘합니다.

15

참을성이 많습니다. 어려운 일이어도 마지막까지 잘 수행하는 편이죠. 사람과의 관계에 있어서도 참을성이 많기 때문에 상대방의 변덕도 대체로 잘 맞춰줍니다. 어쩌면 그러한 기질 때문에 ESFJ가 원하는 것이나 취향이 어떤지 파악하기 어렵다고 느낄 수도 있어요. 티를 잘 안내거든요.

16

준비성이 과하다 싶을 정도로 철저해요. 게다가 대화에 능하고 말도 잘해서 사람들 앞에서 발표를 하는 역할을 자주 담당하지요. 입사를 위한 면접 자리에서도 긴장하지 않고 자신이 준비한 것들을 차근차근 잘 설명합니다.

17

상대방의 감정과 기분을 정말 중요하게 여겨요. 공감 능력도 뛰어나고 감정의 깊이가 깊은 만큼, 타인의 감정을 고려하면서 말하고 행동합니다. 자신이 소중하다고 여기는 사람의 문제, 고민에 관해선 본인의 일처럼 여기며 공감과 도움을 주기 위해 최선의 노력을 다합니다. 동정심도 많은 편이고요.

18

'그럴 수 있지!'라는 말을 자주 합니다. 이 경우, 이해가 돼서 받아들였다기보다는 '이해가 되진 않지만 우선 알겠어'의 느낌에 조금 더 가깝습니다. 그렇게 상황을 덮어두거나 넘기기도 해요. 불편함을 주는 상황도 자신만의 방법으로 긍정하는 것이지요.

19

ESFJ는 학창 시절 모범생이었을 가능성이 큽니다. 학교와 선생님이 정해놓은 규율을 잘 지키는 게 당연하다고 생각하고, 정해진 규칙 안에서 책임감 있고 성실하게 생활하는 걸 선호합니다. 그래서 선생님들도 ESFJ에게 무언가를 설명하는 걸 좋아해요. 리액션이 워낙 좋다 보니 선생님과 눈도 자주 마주치고 고개도 많이 끄덕여주거든요.

20

ESFJ는 현실적이고 보수적인데, 특히 자신이 옳다고 생각하는 일에는 더 보수적입니다. 옳고 그름을 아주 명확히 판단하는 편이에요. 하지만 앞에서 설명했듯이 ESFJ는 기본적으로 다른 사람의 감정을 불편하게 하는 말을 하는 건 싫어해요. 그래서 머릿속으로 생각하는 것과 그것을 말로 표현하는 일 사이에서 고민을 꽤 많이 합니다.

21

다른 사람을 돕는 일에 부지런합니다. 동정심이 강해요. 때로는 타인을 돕고자 하는 일에 열정을 불태우다 보니 자신을 챙기는 일에 소홀해지는 경우가 발생하기도 합니다. 곤경에 빠진 친구를 돕다가 자신의 일을 못 챙기는 상황이 발생하기도 해요. 물론! 다른 사람을 챙기면서 자신의 것도 잘 챙기는 ESFJ도 많아요.

22

ESFJ의 의사 결정은 불필요한 위험을 줄이고, 현재 상황과 조건에 초점을 맞춘 합리적인 결정일 때가 많습니다. 자신의 모험적인 결정으로 인해 주변에게 피해가 가거나 민폐를 끼치는 걸 극도로 꺼리기 때문에 규칙과 절차 안에서 체계적이고 종합적인 의사 결정을 내리는 걸 선호해요. 그렇기 때문에 상황에 따라선 융통성이 부족하거나 자신만의 방식을 고수하는 사람으로 보일 수도 있습니다.

23

ESFJ는 현실적이고 눈치가 매우 빠릅니다. 그렇다 보니 짧은 순간에도 머릿속에 여러 가지 경우의 수를 빠르게 떠올려요. 생각이 많기도 하고, 그 흐름도 빠릅니다. 생각이 뻗어나가는 속도가 빠른 편이라 걱정도 많아요. 당신이 만약 ESFJ와 연애 중이라면, 걱정이 너무 많다고 느끼거나 잔소리가 심하다고 느낄 수도 있습니다. ESFJ의 시선엔 다른 사람이 발견하지 못하는 것들까지 멀리 보이거든요.

24

몇몇 친밀한 관계에 과도하게 의존하는 경향을 보일 때가 있습니다. 자신이 중요하다고 생각하는 사람에게 인정과 주목을 받고 싶어 하는 욕구가 강해서, 그것을 받기 위해 노력하는 모습을 보이기도 해요. 타인의 인정에 영향을 많이 받습니다.

25

오랜 시간 대화를 나누어보아도 ESFJ의 개인적인 영역에 닿아있는 이야기는 듣기 어려울 수 있어요. 친하지 않거나 적당히 친한 사람에게 자신을 보여주는 일은 절대 없거든요. 만약 ESFJ가 당신에게 자신의 속마음을 꺼내놓기 시작했다면, 당신을 '아주 친한 사람'으로 분류했다고 생각하셔도 좋습니다.

에필로그

"작가님 MBTI는 뭐예요?"

<MBTI 관찰일지> 콘텐츠 시리즈를 인스타그램에서 3개월간 연재하며 정말 많이 받았던 질문입니다. 제 MBTI 유형은 ISFJ입니다. 뭐든 정리하는 걸 좋아해요. 과장을 조금보태서 정리하는 게 일상이지요. 이번 작업도 ISFJ의 특징을 정리하다가 MBTI 유형 16개 모두를 정리해야겠다는 생각이 들어 시작하게 되었답니다.

아무래도 스스로를 관찰하고 정리하는 일이 쉽기 때문에 제유형의 특징을 정리하는 일은 비교적 수월했습니다. 하지만 16개 성격 유형을 모두 정리하는 데에는 예상했던 것보다

훨씬 더 오랜 시간이 걸렸어요. 다른 유형의 특징을 관찰하고, 자료를 수집하고, 정리하는 일은 상당한 시간과 노력이 들어가는 일이었습니다.

<MBTI 관찰일지>를 정리하면서 마음 한편으로는 걱정이 있었습니다. 혹여나 타인에 대한 선입견을 만들거나 그런 분위기를 조장하는 것이 아닐까 하고 말이지요. 하지만 이 책을 읽는 독자분들은 각자에게 필요한 수준으로 가볍게, 재미로 즐길 수 있는 분들일 거라는 믿음을 가지고 글을 썼습니다.

수백만 명의 독자분들이 <MBTI 관찰일지>를 읽고, 자신의 지인들을 댓글 창에 불러 모으며 '너 이거 봤어? 이거 너 유형이지? 이거 내 유형이야' 이렇게 대화가 시작되는 걸 보며 정말 기뻤습니다. MBTI를 주제로 한 콘텐츠 중 자극적인 방식으로 만들어진 영상들이 인기가 많기에, 이렇게 차분한 방식으로 정리된 읽을거리를 좋아해 주실 줄은 몰랐거든요. MBTI에 대해 서로 대화를 나누는 건 특별한 풍경이었습니다.

조금 더 욕심을 낸다면, 온라인 공간을 넘어 사람과 사람이 직접 마주하는 오프라인 모임에서도 <MBTI 관찰일지>가 대화의 중심에 놓일 수 있기를 희망합니다. 책 <MBTI 관찰일지>가 함께하는 순간마다 시간을 때우듯 흩어지는 대화가 아니라, 잔잔하고 단단하게 채워진 시간이 되기를 바랍니다.

제 글을 읽어 주시는 모든 분께 항상 감사합니다.

작가 박한평 드림.

MBTI 관찰일지

© 박한평 2024

초판 1쇄 발행 2024년 3월 1일

지은이 박한평
펴낸이 박성인

기획 김멜리띠나
책임편집 강하나
마케팅 김멜리띠나
경영관리 김일환
디자인 studio 213ho

펴낸곳 허들링북스
출판등록 2020년 3월 27일 제2020-000036호
주소 서울시 강서구 공항대로 219, 3층 309-1호(마곡동, 센테니아)
전화 02-2668-9692 | **팩스** 02-2668-9693
이메일 contents@huddlingbooks.com

ISBN 979-11-91505-42-9 (03180)